Frau Wyder-Ineichen

Lehrbuch für die bürgerliche Küche

Frau Wyder-Ineichen

Lehrbuch für die bürgerliche Küche

ISBN/EAN: 9783742898630

Hergestellt in Europa, USA, Kanada, Australien, Japan

Cover: Foto ©Lupo / pixelio.de

Manufactured and distributed by brebook publishing software
(www.brebook.com)

Frau Wyder-Ineichen

Lehrbuch für die bürgerliche Küche

Lehrbuch

für die

Bürgerliche Küche

Von

Frau Wyder-Ineichen

Dritte Auflage

Zürich
Verlag von Fäsi & Beer
1899.

Lehrbuch

für die

Bürgerliche Küche

Die Schule lehre die ältern Mädchen nicht bloß Briefe schreiben, Zinse berechnen, fremde Länder und Völker studieren, sondern auch den menschlichen Körper samt seinen notwendigen Bedürfnissen kennen. Dr. Custer.

Vorwort zur ersten Auflage.

Schon längst hat sich das Bedürfnis geltend gemacht, für Kochkurse, Kochschulen und für angehende Köchinnen ein Lehrhandbuch zu haben, das in leichtfaßlicher Weise die Bereitung der Speisen und deren Einwirkung auf den menschlichen Körper lehrt. Ich wurde von mehreren Vorstehern gemeinnütziger Vereine und vielen Privatpersonen ersucht, einen entsprechenden Lehrgang zusammen zu fassen, und bringe nun dieses kleine Werk an die Oeffentlichkeit mit der Bitte an die freundlichen Leser und Leserinnen um wohlwollende Aufnahme.

Denjenigen meiner frühern Lehrtöchter, die schon längst ein Lehrbuch von mir gewünscht haben, diene zur Nachricht, daß eine größere Sammlung Rezepte aus meiner Kochschule später erscheint.

Es fehlt zwar nicht an Kochbüchern, und es ist in den letzten Jahrzenten eine Menge guter Werke in den Handel gekommen; aber die meisten derselben sind nicht einfach genug gehalten, um obigem Zwecke zu dienen; sie entbehren auch die Belehrungen über den Einfluß der Naturelemente in Verwendung und Bestimmung der Nahrungsmittel, die doch gerade in einem Kochbuche am Platze sind.

Meine zehnjährige Lehrpraxis mit über 1500 Schülerinnen hat mich überzeugt, daß die Kochkunde zum Lieblingsfach für Frauen und Töchter werden kann, wenn der Unterricht gleich von Anfang an klar und verständlich erteilt und Ursache und Wirkung berücksichtigt werden; ist dann einmal eine richtige Grundlage gegeben und verstanden und das Interesse für naturgemäße Benützung besonders unserer Landesprodukte geweckt, so kann es der jungen Haushälterin nachher nicht schwer fallen, sich selbst so weit auszubilden, um auch größern Anforderungen genügen zu können.

So möge denn dieses Buch dazu helfen, das Kochen zu einer wohlüberlegten und zielbewußten Arbeit zu machen und somit zur Hebung des allgemeinen Volkswohl beitragen.

Luzern, im Januar 1893.

Die Verfasserin.

Vorwort zur dritten Auflage.

Die günstige Aufnahme, welche die erste und zweite Auflage meines Lehrbuches gefunden, die lobenden Urteile über zeit- und sachgemäße Durcharbeitung des Inhalts, und besonders die vielen eingelaufenen Bestellungen, seit die zweite Auflage vergriffen ist, machen eine weitere Ausgabe nötig.

Auch diese dritte Auflage bleibt sich gleich wie die Vorhergehenden, nur mußten die Zürcher Marktpreise dem Speisezeddel angepaßt, also die Preisansätze für Fleisch, Milch, Butter &c. höher gestellt werden.

Den Verkauf des Buches habe ich voll Vertrauen an die Verlagsbuchhandlung Fäsi & Beer in Zürich abgetreten, und hoffe ich gerne, daß es so noch größere Verbreitung und zahlreiche neue Gönnerinnen finde.

Zürich, im Januar 1899.

Die Verfasserin.

Inhaltsverzeichnis.

Fleischspeisen.

Gemüse.

Salate.

Konserven.

Verschiedenes.

Allgemeine Grundsätze.

Die Küche und ihre Einrichtung.

Für jede Hausfrau, die ihre Aufgabe als Hüterin und Pflegerin ihres Hauswesens richtig erfaßt hat, ist die Küche ein sehr wichtiger Raum. Glück und Wohlsein einer Familie hängen nicht zum mindesten von der Verwaltung aller Küchenangelegenheiten ab. Damit der Aufenthalt in der Küche angenehm und die Beschäftigung darin fruchtbringend sei, ist es nötig, daß sie praktisch, den Bedürfnissen entsprechend und gemäß den Regeln der Gesundheitslehre eingerichtet werde. Eine rechte Küche soll stets ansprechend und appetitlich aussehen.

Der Küchenraum muß vor allem hell sein und gut gelüftet werden können, ebenso wie jede andere Werkstätte, wo mit Erfolg gearbeitet werden soll. Dunkle Küchen, welche sogar während des Tages künstliches Licht fordern, sind in mancher Hinsicht nachteilig und sollten nirgends mehr gefunden oder geduldet werden. Auch in der bestangelegten Küche werden durch Dampf, Ruß und allerlei Abfälle verschiedene Gerüche gebildet, wie viel mehr in einer solchen, wo kein Fenster ins Freie geht, eine stetsfort brennende Lampe auch noch frische Luft verzehren hilft und Qualm ausströmt. Es ist der Gesundheit sehr nachteilig, in einem solchen Raume Tag für Tag zu arbeiten, weil jeder Mensch absolut frische Luft atmen muß und zwar *stetsfort*, um gesund zu bleiben. Auch die Speisen können in einer schlecht gelüfteten Küche nie so zuträglich werden, weil sich in dunstigen Atmosphären allerlei schädliche Pilze, Keime und Staub denselben beimischen und Erreger von verschiedenen Krankheiten werden können.

Schon in der Anlage eines Hauses sollte stets darauf Bedacht genommen werden, der Küche einen günstigen, hellen und luftreichen Platz anzuweisen, und es ist dieser Zweck am besten zu erreichen, wenn der Rauchfang oder das Kamin nicht in der Mitte des Hauses, sondern an einer Außenwand hinauf und durch das Dach geleitet wird, so daß auch der Kochherd in die Nähe eines Fensters plaziert werden kann.

Die Decke und Wände der Küche sollen immer helle Farbe haben und, wenn möglich, waschbar sein, ebenso der Fußboden. Alle waschbaren Bestandteile der Küche bedürfen allwöchentlicher Reinigung.

Das wichtigste Gerät in der Küche ist der Kochherd, auf dem die Speisen bereitet werden, und in dem ein bedeutender Teil des Jahreseinkommens als Brennmaterial verwendet werden muß. Damit die Herstellungskosten für die tägliche Nahrung möglichst gering seien und doch an Güte und Schmackhaftigkeit der Speisen nichts eingebüßt werde, muß der Kochherd so konstruiert werden, daß die einmal durch Feuer erzeugte Hitze richtig und ganz ausgenützt wird. Sei der Herd groß oder klein, so muß er in zweckmäßiger Anordnung enthalten: einen Feuerraum mit mehr oder weniger weitem Rost, worauf das Feuer unterhalten wird. Dieser Raum darf nicht zu hoch sein, damit die Flamme die aufgesetzten Kochgeschirre gehörig bestreichen und die Hitze zur rechten Verwendung kommen kann. Der Rost muß für Holzverbrauch ganz eng, für Kohlen wenig weiter sein, damit die Luft gehörig durchziehen kann, ohne die keine helle, lebhafte Flamme möglich ist. Das Thürchen zum Feuerraum braucht keine Oeffnung zu haben, wohl aber dasjenige zum Aschenbehälter, welcher gerade unter dem Feuerraum liegen soll. Durch diese Oeffnung dringt genügend Luft durch den Rost zum Feuer, um es in heller Flamme zu erhalten; doch muß der Rost von Zeit zu Zeit mit einem spitzen Eisen gereinigt, d. h. offen erhalten werden. Im Behälter darf sich nie so viel Asche ansammeln, daß sie bis an den Rost reicht, das würde den Luftzug hemmen.

Auch im kleinsten, einfachsten Kochherd sollte ein Bratofen nicht fehlen, weil darin, ohne besonderes Feuer allerlei Speisen, nicht nur Fleisch, sehr schmackhaft zubereitet werden können. Die gewölbten Brat- oder Backöfen sind den eckigen vorzuziehen, da die Wärmestrahlung darin eine gleichmäßigere ist. Der Boden des Bratofens sollte immer ein doppelter sein und eine Zwischenlage von Sand oder feinem Kies enthalten, besonders da, wo die Flamme direkt darunter hinstreichen muß.

In jedem Herd sollte auch ein Wasserschiff angebracht sein, damit man ohne Mehrfeuerung stets warmes Wasser zur Hand hat.

Ein guter Kochherd bedarf guter Ordnung, wenn er leistungsfähig sein soll. Die Asche muß täglich aus dem Feuerraum, der Ruß wöchentlich aus allen erreichbaren Zügen herausgewischt werden. Der ganze Herd wird täglich gewaschen und gefegt. Die Schieber müssen immer beweglich bleiben, damit sie stets beliebig benützt werden können.

Wo Gasleitungen vorhanden sind, ist das Kochen auf Leuchtgas sehr empfehlenswert, weil reinlich, bequem und zeitersparend. Eine Köchin muß es jedoch wohl verstehen, die Flamme zu regulieren, dieselbe zu beschränken, wenn der Kochgrad erreicht ist, sonst ist die Feuerung teurer, als mit jedem andern Material.

Für kleine Familien ist auch das Kochen auf Petroleumflammen beliebt und billig, wenn die Apparate exakt behandelt und sehr reinlich gehalten werden: im entgegengesetzten Falle riechen sie bald sehr unangenehm und verpesten die Luft, oft sogar in der ganzen Wohnung.

Die Küchengeräte seien durchweg zweckentsprechend, von gutem, solidem Material, und vor allem sehr reinlich. Schönes, blitzsauberes Geschirr ist der Stolz jeder rechten Hausfrau! Es verlangt aber exakte Behandlung, wenn es dauerhaft und für die Gesundheit nicht nachteilig sein soll. Die Gefäße aller Art, die in der Küche zur Verwendung kommen, bestehen aus Metall, Thon, Glas, Porzellan und Holz. Die meisten davon können bei sorgfältiger Behandlung viele Jahre benützt werden, ohne daß ihnen etwas abgeht oder daß sie irgend schädlich werden.

Von den metallenen Kochtöpfen sind die eisernen am wenigsten gefährlich, und es können bei richtiger Behandlung fast alle Speisen darin gekocht werden. Neue eiserne Töpfe müssen vor Gebrauch mit Wasser, etwas Essig, Soda, Kleie (Krösch) tüchtig ausgekocht, gewässert und dann ausgetrocknet und noch warm mit Speckschwarte eingerieben werden, damit die nachher darin zu kochenden Speisen nicht schwarz und unansehnlich werden. Jedesmal, wenn eine saure Speise darin gekocht worden ist, muß der Topf recht ausgebrüht werden, weil die Säure einen Teil des Eisens auflöst und sich den nachfolgenden Speisen als schwärzliche Farbe mitteilt. Um sie von den Speisen abzuhalten, hat man in neuerer Zeit die Eisentöpfe innen mit einem Emailüberzug versehen; sie sehen so schön und appetitlich aus, sind aber eher gesundheitsgefährlich als ohne Email, weil diese Glasur oft Blei enthält. Zeigt das Email auch nur kleine, fast unsichtbare Sprünge, so ist vom Ankauf solchen Geschirres abzuraten; denn dieser Ueberzug liegt auf den Topfflächen nicht fest genug auf, schiefert leicht ab, bekommt Lücken, die sich nicht mehr reparieren und schwer rein halten lassen. Eine gute Emailglasur muß gleichmäßig und glatt aufliegen und keine abweichende Flecken haben.

Alle Kochtöpfe müssen notwendig mit festschließenden Deckeln versehen sein, welche am Rand einen Falz haben, der genau in den Kochtopf eingreift, damit Hitze und Dampf darin zusammen gehalten werden können und das Aroma der Speisen nicht mit dem Dampf entweicht.

Kupferne und messingene Geschirre aller Art sind solid, schön und zweckmäßig, aber nur da zu empfehlen, wo absolute Reinlichkeit das Küchenregiment führt. Kupfer und Messing oxydieren leicht, d. h. sie verbinden sich mit dem Sauerstoff in der Luft und bewirken, daß der äußerst giftige Grünspan sich an das Gefäß setzt, sich mit den Speisen mischt und schwere Schädigung der Gesundheit nach sich ziehen kann, besonders dann, wenn eine Speise darin erkalten gelassen wird. Dies kann auch der Fall sein bei messingenen oder kupfernen Kaffee- und Theekannen, die so oft nach Gebrauch samt Restinhalt auf die Seite gestellt und das nächste Mal wieder benützt werden. Man hat diese Wirkung zu verhüten gesucht, indem man die Geschirre inwendig verzinnt; aber auch dann ist eine Gefahr nicht ausgeschlossen, weil oft Blei mit dem Zinn gemischt ist. Eine gute Verzinnung muß silberweiß, gleichmäßig glänzend, nicht matt und bläulich sein. Bei unverständiger Behandlung ist der kostbare Zinnüberzug bald wieder verloren; man darf nicht mit Löffeln oder dem sogen. Harnischplätz darin kratzen, die Pfanne nicht leer aufs Feuer stellen oder Fett darin sehr heiß werden lassen, sonst geht das Zinn ab, schmilzt, mischt sich mit den Speisen und kann die schwersten Folgen nach sich ziehen. Haben Speisen im Geschirr stark angesetzt, so löst sich diese Kruste am besten, wenn man dasselbe über eine andere Pfanne voll heißes Wasser verkehrt stülpt und so die Masse durch den Wasserdampf aufweichen läßt. Das Reinigen geht nachher leicht von statten; eine aufmerksame Köchin sorgt aber dafür, daß es überhaupt nicht zu dieser Behandlung kommen darf. Andere Geschirre von Kupfer, z. B. Wassergeschirre, Schöpfkellen, Kannen, Deckel, Backformen 2c., sind mit gleicher Sorgfalt zu behandeln, behalten dann aber ihren Wert Jahrzehnte.

Nickelgeschirre sind in jeder Hinsicht praktisch und zu empfehlen, weil sie bei gehöriger Behandlung keine gesundheitschädlichen Wirkungen verursachen, sehr leicht zu reinigen und überaus hübsch sind.

Zinngeschirre sind dauerhaft und praktisch, wenn dieselben sorgfältig behandelt werden, jedoch sehr teuer, weil reines Zinn beinahe nicht mehr erhältlich und von andern gemischten Fabrikaten verdrängt worden ist. Geschirre von Zinn dürfen nie direkt mit dem Feuer in Berührung kommen oder auf eine heiße Herdplatte gestellt werden, weil sie leicht schmelzen. Gereinigt werden sie am besten mit heißer Holzaschenlauge oder

Seifenwasser und nachheriger tüchtiger Spülung mit klarem Wasser. Auch Silbergeschirr wird gleich behandelt. Mit Pulver oder gar Sand darf man es nie fegen, sonst verliert sich nach und nach der Silbergehalt.

Das irdene Küchen- und Tischgeschirr ist überall bekannt und beliebt. Gutes irdenes oder thönernes Geschirr muß hart, gleichmäßig glatt und hellklingend sein, wenn man mit dem Finger daran klopft. Die Glasur darf an keiner Stelle schadhaft oder abgesprungen sein. Neues Geschirr sollte immer vor Gebrauch ausgekocht werden, d. h. mit kaltem Wasser, einer Handvoll Salz und ein wenig Essig zum Feuer gebracht und 1—2 Stunden recht durchgekocht werden. Dadurch werden ungelöste Kalkteilchen aufgelöst und allfällig enthaltenes Blei in der Glasur unschädlich gemacht. Will man irdenes Geschirr zum Kochen verwenden oder darin backen, so sollte es stets zuvor auf einem mäßig warmen Ofen oder im Wasser durchwärmt und dann erst aufs Feuer oder in den heißen Ofen gebracht werden. Durch raschen Wechsel von Kälte und Hitze oder umgekehrt erhält das irdene Geschirr leicht Sprünge, welche auf obige Weise verhütet werden können. Das Gleiche gilt auch von der Behandlung gläserner Gefäße.

Porzellangeschirr ist eine Zierde jeder Küche, ist dauerhaft und, wenn schadhaft, nicht so unansehnlich, wie das gewöhnliche irdene. Gutes Porzellan ist auch innen, im Bruch weiß, nicht nur in der Glasur und erträgt die Ofenhitze gut, wenn es derselben nur allmälig ausgesetzt wird. Das Reinigen der irdenen und Porzellan-Geschirre wird am besten einfach mit heißem Wasser und einem Tuch bewerkstelligt, wobei Nachspülen und Trockenreiben zu folgen hat. Soll hartnäckiger Schmutz aus irdenen oder Glasgeschirren entfernt werden, helfen reines Flußsand oder zerdrückte Eierschalen, die man dem Wasser beimischt, das Geschirr tüchtig damit reibt und nachspült.

Küchengeschirr von Holz bedarf ebenfalls vorsichtiger Behandlung und regelmäßiger Reinigung; Holzgefäße nehmen sehr gerne Bestandteile ihres Inhalts in sich auf, halten sie fest und geben sie nachher wieder an andere Stoffe ab; z. B. kommt es vor, daß Fleischresten auf nicht gut gereinigtem Holzteller oder Hackstock in Fäulnis übergehen, sich in den Holzfasern festhalten und bei nächstem Gebrauch der Geräte an andere Speisen kommen, dieselben verderben, wenn nicht noch schlimmere Folgen, wie Gesundheitsstörungen, nach sich ziehen. Mit Oel bestrichene, besonders grün bemalte oder lackierte Holzgefäße sollten soviel möglich in der Küche vermieden werden, weil sich die Farben, die oft Gift enthalten, nach und nach abnutzen und in die Speisen oder Getränke kommen können.

Besondere Sorgfalt bedürfen die verschiedenen Schneide-Instrumente und Maschinen in der Küche. Die Messer und Gabeln sollen nach Gebrauch immer mit der Klinge nach unten in engem Gefäß in heißes Wasser gestellt, rasch gespült, sauber abgewischt und an trockenem Ort aufbewahrt werden. Gießt man heißes Wasser über die Griffe, so löst sich nach und nach der feste Kitt, die Klingen fallen heraus, und die Griffe von Holz oder Elfenbein werden unansehnlich. Oft gebrauchtes Besteck muß täglich mit Schmirgelpulver gefegt und glänzend gerieben werden, was leicht mit Pantoffelholz oder an einer Putzmaschine zu bewerkstelligen ist.

Bei Anschaffung von Hack-, Reibe- und Schneide-Maschinen achte man auf solide, leicht handliche Konstruktion derselben und ob sie sich schicklich zerlegen und reinigen lassen. Gute Maschinen leisten vorzügliche Dienste, besonders da, wo wenig Hände in kurzer Zeit große Massen zurüsten und kochen müssen, und haben zudem noch den Vorteil, daß die damit zerkleinerten Lebensmittel leichter verdaulich sind und auch appetitlicher aussehen.

In einer gut eingerichteten Küche darf auch der Müllersche Selbstkocher nicht fehlen. Derselbe vereinigt so viel Vorzüge hinsichtlich Ersparnis an Zeit und Brennmaterial, sowie an günstiger Ausnützung der Lebensmittel in sich, daß dies Geräte jeder Hausfrau unbedingt empfohlen werden kann.

Alle nachfolgenden Speisen, welche langer Kochzeit bedürfen, können im Selbstkocher weich gemacht werden. Die im Speisezettel verzeichneten Morgensuppen sind auch für diesen Apparat berechnet.

Das beste Gerät in der Küche ist eine fleißige, mit Ordnungssinn begabte Tochter, die keinen Schmutz duldet und keine Nachlässigkeit aufkommen läßt. Wenn sie dazu noch braven Charakter und freundlich frohes Gemüt hat, ist das ganze Haushaltungswesen in guter Hut.

Luft, Feuer und Wasser in der Küche.

Die Luft, die wir nicht sehen, nicht greifen können und im allgemeinen zu wenig achten, ist unendlich wichtig. Ohne sie könnten wir keinen Augenblick atmen; ohne sie könnte kein Feuer brennen, nichts wachsen, überhaupt kein lebendes Wesen existieren. Die Luft umflutet uns unaufhörlich, mehr oder weniger rasch. Sie ist eine Mischung verschiedenartiger Stoffe und enthält hauptsächlich Stickstoff, Sauerstoff, Kohlensäure und Wasser. Keinen dieser Stoffe können wir entbehren, und jeder übt wieder einen besonderen Einfluß aus, den wir in der Küche besonders gut beobachten können, wenn wir auf alle Vorgänge darin aufmerksam sind. Wir stellen z. B. eine Schüssel Milch in einen Raum, welcher mäßig erwärmt (12—15° R.) ist und lassen sie 24 Stunden ruhig stehen; sie wird indessen auf der Oberfläche säuerlich und nach weitern 24 Stunden sauer geworden sein. Das ist der Einfluß des Sauerstoffes in der Luft, welcher sich mit dem Milchzucker verbindet und denselben in Milchsäure verwandelt. Wollen wir die Milch länger aufbewahren, so muß dieselbe in einen kalten Raum gebracht werden, wo eine Gärung nicht so rasch vor sich geht, oder man muß den Wassergehalt vermindern, einkochen. Wollen wir frisch geschlachtenes Fleisch sogleich kochen oder braten, so wird es weniger schnell weich, als dann, wenn wir es vor dem Kochen 1—2 Tage an einem mäßig kühlen Ort aufgehängt, d. h. dem Zutritt der Luft ausgesetzt haben. Der Sauerstof der Luft durchdringt die Fleischfaser, lockert sie und macht sie mürbe, die Hitze dringt dann beim Kochen auch schneller durch, das Fleisch ist früher weich und auch schmackhafter. Würden wir aber längere Zeit das Fleisch an der Luft hängen lassen, so würde es sich zersetzen, faulen und unbrauchbar werden. Liegen Eier längere Zeit im warmen Raume, so dringt die sie umgebende Luft durch kleine Oeffnungen in die Schale, zersetzt den Inhalt und bringt denselben in faulige Gärung. So kann uns die Luft hilfreich und auch wieder verderblich sein, und es ist notwendig, den rechten Zeitpunkt zu wissen, um deren Einfluß anzuwenden oder abzuhalten.

Wie oben erwähnt, kann ohne gehörigen Luftzutritt auch kein Feuer brennen. Es ist wieder der Sauerstoff in der Luft, welcher die Flamme erhält oder deren Existenz ermöglicht, sofern das Brennmaterial dazu geeignet ist. Deshalb muß bei jeder Feuerung dafür gesorgt werden, daß die Luft gehörig durch das Brennmaterial streichen und die erzeugte Wärme nutzbar gemacht werden kann. Soll zu Kochzwecken Holz als Brennmaterial verwendet werden, so muß dasselbe möglichst trocken und so zerkleinert sein, daß es im Feuerraum kreuzweise oder gitterartig übereinander gelegt werden kann, um so der einströmenden Luft Spielraum zu lassen, welche dann ein lebhaftes Feuer entfacht. Werden die Holzscheitchen parallel neben einander gelegt, so kann keine richtige Verbrennung stattfinden, weil eben die Luft nicht zwischendurch kann, und infolge dessen wird auch keine helle Flamme und somit keine rechte Hitzentwicklung möglich. Bei Verwendung von Torf oder Steinkohlen als Brennmaterial muß der Luftzug intensiver sein, weil beide mehr Sauerstoffzufuhr bedürfen. Je größer die einmal erzeugte Hitze ist, desto eher wird ein bestimmtes Quantum Wasser zum Sieden gebracht und erhalten werden. Das Feuer oder die Hitze muß aber auch geregelt werden können. Haben wir den

Siedegrad erreicht, so nützt eine Mehrfeuerung nichts; es genügt, diesen Grad zu unterhalten, wozu es nur wenig Nachfeuerung bedarf, oder man leitet die Hitze durch Oeffnen von Klappen einen andern Weg, wo die Mehrhitze nötig ist und für andere Kochgefäße benutzt wird. So haben wir es in der Hand, uns das Feuer mehr oder weniger nutzbar zu machen. Bei nicht gehöriger Verbrennung des Brennmaterials und schlecht konstruiertem Herd entsteht Rauch, welcher die Luft verpestet und alles in seinem Bereich schwärzt.

Das Wasser ist in der Küche unentbehrlich, weil es nicht nur allen Reinigungsarbeiten dienen muß, sondern auch einen wichtigen Teil der Nahrung ausmacht. Es ist selten ganz rein, selbst das Regenwasser kann in der Luft schon Ruß, Kohlenstaub und schlechte Dünste in sich aufgenommen haben. Das Regenwasser sickert in die Erde, sammelt sich in lockern Schichten derselben, nimmt Bestandteile der Erde, durch die es fließt, mit sich, z. B. Salz, Kalk, Gips, Bittererde, Schwefel, Ammoniak, Salpetersäure, ꝛc. und kommt an andern Stellen als Quellwasser wieder an die Oberfläche. Je nachdem das Quellwasser mehr oder weniger von erdigen Substanzen enthält, kann es erfrischend, belebend, heilend oder auch krankmachend wirken. Wasser mit mäßigem Kalk- oder Gipsgehalt hat einen angenehmen Geschmack und wirkt durstlöschend, ist aber zum Kochen weniger gut, weil der Kalkgehalt sich an die Pfannenwände und auch an die Speisen ansetzt, besonders an solche, die mit Schalen oder Häuten versehen sind oder stark eingetrocknet waren, wie Erbsen, Bohnen, Kastanien, Dörrobst ꝛc. Das ist der Grund, warum solche Lebensmittel oft nicht weich werden wollen; setzt man denselben ein kleines Stück Soda oder eine Messerspitze voll doppeltkohlensaures Natron bei, so scheiden sich diese mineralischen Substanzen aus, das Wasser wird dadurch weich und löst die Speisen besser auf. Auch zu Kaffee und Thee sollte sehr hartes Wasser zuerst weich gemacht werden. Wasser, das einen besonders widerlichen Geschmack hat, einen schleimigen Bodensatz zeigt, auf der Oberfläche Farben spiegelt, faulig riecht, sollte nicht zum Genuß verwendet werden müssen. Wer kein anderes Wasser bekommen kann, wird dasselbe filtrieren, am besten durch zerkleinerte Holzkohlen fließen lassen, welche aber von Zeit zu Zeit tüchtig durchgewaschen, vom anhaftenden Schleim befreit und wieder getrocknet werden müssen. Auch durch Kochen verliert das Wasser seine schädlichen Eigenschaften, ist aber nachher zum Trinken fade und nicht mehr so erfrischend, wie reines Quellwasser.

Durch unzweckmäßiges Aufbewahren kann das Wasser verdorben werden. Man sollte es stets in gut verzinnten, sehr reinen Blech- oder Kupfergefäßen und zugedeckt in der Küche halten. In hölzernen, gemalten oder lackierten Gefäßen bekommt das Wasser oft einen schlechten Geschmack, oder es können sich schädliche oder giftige Substanzen darin auflösen. Die Wassergeschirre müssen jeden Tag oder besser bei jeder Füllung auf ihre Reinheit geprüft und zugedeckt werden, damit kein Staub hinein kommt.

Die Ernährung des menschlichen Körpers.

Der menschliche Körper besteht seinen Hauptteilen nach aus Sauerstoff, Wasserstoff, Stickstoff und Kohlenstoff; dazu gesellen sich dann noch andere Stoffe, wie Schwefel, Phosphor, Eisen, Chlor, Alkalien. Alle diese Stoffe nützen sich täglich wieder ab, durch Atmen, Denken, Bewegung, angestrengte Arbeit, und werden als Ausdünstung durch die Lunge und Haut oder durch die Nieren als Urin ausgeschieden. Diese müssen immer wieder durch neue, gleiche Stoffe ersetzt werden, also wieder durch Sauerstoff, Wasserstoff, Stickstoff und Kohlenstoff.

Den Sauerstoff atmen wir ein und haben deshalb dafür zu sorgen, daß wir immer reine, frische Luft in unserer Umgebung haben. Wir können dieselbe in reichlichem Maße unentgeltlich genießen, wenn wir ihr nur bereitwillig und verständig Tür und Fenster öffnen, auch im Winter. Wer in schlecht gelüfteten Räumen wohnt, kann nicht gesund bleiben, weil eben die Lunge nicht die ihr nötige Zufuhr an frischer Luft erhält und deshalb ihre Funktionen nicht gehörig verrichtet. Der Sauerstoff in der Luft ist es, welcher durch die Lungen ins Blut getrieben wird, mit demselben im Körper herum kreist, dasselbe immer wieder reinigen und ersetzen hilft.

Den Wasserstoff beziehen wir indirekt als frisches Quellwasser und direkt in unsern kalten und warmen Getränken, in Suppe, Kaffee, Thee, in Most, Wein, Bier ꝛc. Der Mensch besteht zu $^3/_4$ aus Wasserstoff und bedarf je nach Alter und Bewegung mehr oder weniger als Ersatz für das Ausgeschiedene; man rechnet 1—3 kg täglich.

Stickstoff und Kohlenstoff finden wir in unsern tierischen und pflanzlichen Nahrungsmitteln, von denen ein ausgewachsener Mensch von etwa 80 kg Körpergewicht täglich bedarf an Eiweißstoffen 110 gr, an Kohlenhydraten 500 gr, an Fetten 50 gr und an Salzen 30 gr. Diese Stoffe kann der Mensch aber nicht roh genießen, weil sein Verdauungsapparat anders beschaffen ist als der tierische. Um sie aufnahmsfähig zu machen, müssen sie vorher gekocht, d. h. durch Hitze und Dampf erweicht und aufgelöst werden. Jede Köchin oder Haushälterin wird das Kochen erst recht als wichtige Arbeit schätzen lernen, wenn sie versteht, was mit den gekochten Speisen im Körper des Genießenden vorgeht.

Die weich und gehörig abgekochten Speisen, z. B. gesottenes Rindfleisch und gedämpfte Erdäpfel, werden im Teller vermittelst Messer und Gabel zerkleinert, dann in den Mund geschoben, mit den Zähnen gut gekaut und hinuntergeschluckt. Während dem Kauen mischt sich der Mundspeichel, aus den Drüsen unter der Zunge und der Wangengegend herkommend, mit den Speisen und verwandelt die unlösliche Stärke der Erdäpfel in löslichen Zucker, verdünnt auch die Eiweiß-, Fett- und

Faserstoffe und erleichtert das Verschlucken. So gelangen die Speisen durch die Speiseröhre, welche inwendig mit einer weichen, schleimigen Haut ausgekleidet ist, durch den Magenmund in den Magen. Derselbe ist ein häutiger Sack oder eine länglich runde Erweiterung des Verdauungskanals. Bei mäßiger Ausdehnung der starken, elastischen Magenwandmuskel faßt derselbe bei einem erwachsenen Menschen 1½ l, und es würden die kräftigen, wurmförmigen Bewegungen den Inhalt bald wieder ausgepreßt haben, wenn nicht beim Eingang oder Magenmund und am Ausgang oder Pförtner starke ringförmige Schließmuskeln den willkürlichen Austritt verhindern würden. Erst wenn der Mageninhalt durch Zermalmen zu einem dünnen, flüssigen Brei geworden ist, kann derselbe durch den Pförtner in den Zwölffingerdarm fließen. Die Auflösung im Magen besteht in folgenden Umwandlungen: erstens geht ein Teil der Stärke durch die Einwirkung des Speichels in Zucker über; zweitens werden die unlöslichen Stickstoffe, z. B. Kleber, Fibrin, in löslichen Zustand, in Pepton verwandelt. Letztere Verwandlung wird durch den Magensaft bewirkt, der von den sehr zahlreichen Drüsen der innern Magenwand abgesondert wird. Anderseits saugen die Magenwände selbst einen Teil der schon anfangs löslichen, flüssigen Nahrungsstoffe auf und führen sie in die Blutgefäße. Bei leidendem Magen mit schwacher Verdauung sind also nur solche Nahrungsmittel zuzuführen, welche ohne Magenanstrengung ins Blut geführt werden können, also schon aufgelöste flüssige Substanzen. Die festen Stoffe bedürfen im Magen einer tüchtigen Durcharbeitung durch die sich zusammenziehenden und wieder ausdehnenden Magenwände. Je besser und verständiger unsere Nahrungsmittel durchgekocht und im Munde zerkleinert sind, desto weniger wird der Magen angestrengt.

Wie schon erwähnt, fließt der im Magen flüssig gewordene Speisebrei in den Zwölffingerdarm, wo auch die Galle aus der Leber und der Bauchspeichel aus der dahinter liegenden Bauchspeicheldrüse zufließen. Die Galle kommt aus der Gallenblase, welche unter den Leberlappen angewachsen und das Produkt der Leber, nämlich abgenützte Teile durch Lunge und Leber gereinigten Blutes ist. Sie hat den Zweck, die genossenen und durch die Magenwärme milchartig flüssig gewordenen Fette aufzulösen; außerdem regt sie den Verdauungskanal zu kräftiger Bewegung an und macht, daß der Darminhalt nicht so leicht in faulige Gärung übergeht, welche sich in Blähung und Durchfall äußert. Der Bauchspeichel unterstützt die andern Verdauungssäfte und ist somit in Vereinigung mit Speichel, Magensaft und Galle ein Universallösmittel für alles, was die Speisen an nahrhaften Stoffen enthalten. Aus dem Zwölffingerdarm geht der Speisebrei in den Dünndarm über, an dessen innerer Wand eine Menge Vorsprünge oder Zoten in den Speisebrei hineinragen. In diesen Zoten befinden sich sehr feine Oeffnungen, welche die milchartig aufgelösten Nährstoffe auffangen und durch die Lymphgefäße dem Blutstrom, somit dem ganzen Körper zuführen.

Die auf diese Weise immer mehr ausgezogenen Reste des Darminhaltes gelangen durch Zusammenziehen der Darmwände nach und nach in den Blinddarm und Dickdarm, von wo sie als Kot entleert werden. Selbst bei kräftiger Verdauung werden die Nahrungsstoffe, die in den Speisen enthalten sind, niemals vollständig aufgelöst und aufgesogen, und es geht bei reichlicher Nahrung oder bei schwacher Verdauung noch ein bedeutender Teil für den Körper verloren. Am geringsten ist der Verlust bei Milch und Fleischkost, am bedeutendsten bei Pflanzenkost. Je besser alle Nahrungsmittel vor dem Genuß behandelt und zubereitet werden und je besser die ausgenützte Nahrung dem Blute in richtigem Maß und Mischung zugeführt werden kann, um so kräftiger und leistungsfähiger kann der Mensch als Glied der Gesellschaft sich und andern nützen.

Wird der Körper nicht richtig ernährt, so wird er immer kraftloser, greift in seiner Hilflosigkeit oft zu alkoholhaltigen Getränken, welche im Augenblick seine Kräfte aufstacheln, um sie gleich nachher nur wieder mehr erschlaffen zu lassen. Dadurch wird der menschliche Organismus nach und nach elend, widerstandslos, zu Arbeit und Erwerb unfähig, bis er zuletzt der Wohlthätigkeit zur Last fällt.

Auswahl der Lebensmittel.

Um gesund sein und leben zu können, bedürfen wir täglich ein bestimmtes Quantum Nahrungsmittel, welches dem Alter, den Arbeitsleistungen und dem Körperzustand entsprechen soll. Ein erwachsener Mensch bedarf anderer Nahrungszufuhr als ein Kind; ein mit dem ganzen Körper und in freier Luft arbeitender Mann muß anders genährt werden, als ein Stubensitzer, weil eben Bedarf und Verbrauch verschieden sind. Ein ganz kleines Kind, dessen ganze Beschäftigung in Trinken, Bewegen und Schlafen besteht, bedarf als Nahrung nichts weiter als gekochte Milch. Sobald es größer geworden, mehr Bewegungen macht, überhaupt lebhafter wird, ist auch sein Nahrungsbedürfnis größer und genügt die Milch allein nicht mehr. In der Milch sind zwar alle zu unserm Körperaufbau notwendigen Substanzen enthalten, aber für einen erwachsenen Menschen nicht in genügender Menge. Wird ein Mensch nicht nach Bedarf ernährt, so stellt sich Hungergefühl und bald Entkräftung ein; wird er einseitig, d. h. immer mit der gleichen, mangelhaften Kost gespiesen, so bekommt er Gelüste nach besserer Speise, die nicht gerade unordentliche Begierden, sondern Naturbedürfnisse sein können.

Der menschliche Körper ist, wie schon erwähnt, aus vielerlei Stoffen zusammengesetzt, die sich fortwährend abnützen und nicht mit einerlei Stoff wieder ersetzt werden können. Wir müssen daher Lebensmittel auswählen, welche eine gehörige Menge von Blutbildnern (Eiweißkörpern), Wärmebildnern (Kohlenhydrate), Fette und Salze enthalten. Wir müssen durch verschiedenartiges Kochen und Zusammenstellen dafür sorgen, daß wenigstens eine Woche lang alle Tage eine andere Hauptmahlzeit auf den Tisch kommt, damit Appetit und Kräfte stets rege bleiben. Der liebe Gott stellt uns in der Natur so mannigfache Produkte mit mehr oder weniger Nährgehalt und größerm oder kleinerm Geldwert hin, daß eine Auswahl nicht schwer werden kann, wenn wir es nur verstehen, unsere Bedürfnisse mit unsern Mitteln einigermaßen in Einklang zu bringen.

Muß bei geringem Einkommen eine zahlreiche Familie ernährt werden, so müssen eben diejenigen Lebensmittel, welche im Preise billig sind und doch viel Nährgehalt haben, zur Verwendung kommen, z. B. Milch, Magerkäse, Schwarzbrot, Mehl Nr. 2 und 3, Erbsen, Bohnen, Reis, Mais, Erdäpfel, Rüben, 2c. Aus diesen können mit reinem, gutem Fett und Salz recht gute Speisen hergestellt werden. Wer über hinreichende Mittel zur Anschaffung von Nahrungsstoffen verfügt, findet überall reichliche Auswahl, muß aber doch auch mit Verstand auswählen, wenn er sie nicht verkehrt anwenden will. Eine gute, reichliche Nahrungszufuhr, die vom Körper nicht gehörig verarbeitet wird, kann krank und ebenfalls arbeitsunfähig machen. In beiden Fällen müssen also bestimmte Grundsätze den Weg weisen. Wenn ein erwachsener Arbeiter täglich 110 gr Eiweißstoffe (in Fleisch, Eiern, Käse, Milch, Hülsenfrüchten, Brot 2c.), 500 gr Kohlehydrate (in Mehl, Erdäpfeln, Reis, Wurzelgemüse), 50 gr Fette (in den Speisen) und 30 gr Salze (ebenfalls mit den Speisen gemischt) bedarf, so muß man darauf Bedacht nehmen, die Speisen so zusammen zu stellen und zu mischen, daß die Körperbedürfnisse mit Eiweiß, Kohlehydraten, Fetten und Salzen gehörig befriedigt werden können, und man muß außerdem darauf sehen, daß die Speisen exakt und appetitlich gekocht sind und ordentlich auf den Tisch kommen, was bei einigem guten Willen und Reinlichkeitsgefühl auch im ärmsten Hause möglich ist. Hat man z. B. sehr nahrhafte Stoffe als Hauptspeise auf dem Tisch, so muß eine Beilage dazu kommen, die nicht so nahrhaft ist, welche aber im stande, den Magen in seinen ver mehrten Verdauungsarbeiten zu unterstützen. Solche passende Zuspeisen sind: Saucen, Salate, gekochtes Obst. Ist die Hauptspeise nicht sehr nahrhaft, so muß eine Zulage von Käse, Brot, Milch ꝛc. nachhelfen.

In folgender Tabelle ist der Nährwert unserer gebräuchlichsten Nahrungsmittel in Prozentzahlen dargestellt, und sollte bei Auswahl der Nahrungsmittel vergleichende Beachtung finden.

Nährgehalt der gebräuchlichsten Nahrungsmittel.

Nach Dr. König, Voit u. A.

		Eiweiß	Kohle-hydrate	Fett	Salze	Wasser
100 gr	Rindfleisch (fett) enthalten gr	19,86	—	7,10	1,3	72,07
„	Rindfleisch (mager) „ „	20,54	—	1,28	0,17	78,01
„	Schaffleisch „ „	18,11	—	5,77	0,02	76,10
„	Schweinefleisch „ „	19,91	—	6,87	1,09	72,13
„	Kalbfleisch (fett) „ „	18,88	—	7,04	0,02	74,06
„	Kaninchen (fett) „ „	21,47	—	4,50	0,01	74,02
„	Kuhmilch „ „	3,41	4,78	3,66	0,06	88,09
„	Ziegenmilch „ „	3,70	4,45	4,09	0,07	87,69
„	Käse (fett) „ „	29,00	—	30,05	3,20	37,75
„	Käse (mager) „ „	31,09	—	25,07	4,10	39,74
„	Speck (mager) „ „	10,00	-	75,01	5,00	9,99
„	Butter „ „	0,2	—	83,17	1,04	15,77
„	Eier „ „	14,01	—	10,09	1,10	74,80
„	Leguminosenmehl „ „	26,43	53,87	6,30	5,30	8,10
„	Linsen (getrocknet) „ „	24,81	54,78	1,85	1,07	7,49
„	Erbsen „ „ „	22,63	53,24	1,72	2,06	20,35
„	Bohnen „ „ „	23,12	53,61	2,28	2,06	18,93
„	Weißbrot „ „	6,82	52,34	1,49	2,00	37,35
„	Schwarzbrot „ „	6,23	50,82	0,90	2,00	40,05
„	Mais „ „	10,05	66,78	4,76	0,49	17,92
„	Reis „ „	7,68	50,82	0,90	0,30	40,30
„	Zucker „ „	1,09	93,33	—	0,09	5,49
„	Spinat „ „	3,51	3,34	0,90	1,30	90,95
„	Erdäpfel „ „	1,79	20,56	0,48	1,30	75,87
„	Rosenkohl „ „	4,83	6,22	0,96	1,35	86,64

Zusammenstellung der Speisen.

Nachfolgend sind zwei Speisezettel, für die Dauer von zwei Monaten, mit täglichem Wechsel der Speisen, so zusammen gestellt, daß deren Durchführung als Unterrichtsgang für Kochkurse oder Kochschulen dienen kann. Das Maß und Gewicht mag nicht für alle Fälle passen, weil je nach Ort und Stand der Teilnehmerinnen und je nach örtlicher Einrichtung der Bedarf auch ein verschiedener sein kann. Selbstverständlich können Ansätze, die man nicht als nötig erachtet, mit andern, notwendig erfundenen vertauscht oder das Ganze vermehrt oder mehr vereinfacht werden. Es sind deshalb mehr Rezepte in der Sammlung verzeichnet, als der Speisezeddel fordert. Die Lebensmittel sind im Einzelankauf und zu mittlerem Marktpreis berechnet; es könnte somit noch eine bedeutende Ersparnis erzielt werden, wenn größere Einkäufe zusammen gemacht werden.

Auf vielfach geäußerten Wunsch zeigt der eine Speisezettel stets Suppe als Frühstück und Magermilch um 9 Uhr, damit dem mehr als nötigen Kaffeegenuß gesteuert werden könne; das Nahrungsverhältnis würde sich so entschieden günstiger gestalten. Der gleiche Speisezettel bietet nur zweimal in der Woche Fleischspeisen, während der andere sechsmal in der Woche Fleisch berechnet.

Die angeführten gebackenen Speisen dürften den Lehrtöchtern Gelegenheit bieten, auch für festliche Familientage, aus den gewöhnlichen Produkten der Landwirtschaft bessere Gerichte bereiten zu lernen.

Speisezettel

für einen Kochkurs von 10 Personen.

Frühling und Sommer.

Rezept-Nr.			Cts.	Fr. Cts.
	1. Tag.	**Montag.**		
	Frühstück (6 Uhr):			
44	Habergriessuppe	$^{1}/_{4}$ kgr Habergries	15	
	Geriebener Käse, Brot	200 gr Käse	30	
		1 kgr Brot	35	
	9 Uhr:			
	Magermilch, Brot	2 l Magermilch	20	
		1 $^{1}/_{2}$ kgr Brot	52	
	Mittag:			
35	Erbsensuppe	300 gr gelbe Erbsen	18	
313	Käsknöpfli	$^{3}/_{4}$ kgr Mehl	30	
212	Saure Aepfelstückli	2 Eier à 9 Cts.	18	
		$^{1}/_{2}$ l Milch	10	
		2 kgr Aepfel	50	
		100 gr Zucker	07	
		1 kgr Brot	35	
	Vesper:			
392	Milchkaffee, Brot	1 $^{1}/_{2}$ l Milch	30	
		Kaffee und Essenz	18	
		1 kgr Brot	35	
	Nachtessen:			
50	Geröstete Mehlsuppe	200 gr Mehl	08	
		$^{1}/_{4}$ kgr Brot	09	
151	Gesottene Erdäpfel	3 kgr Erdäpfel	24	
	Dürre Birnen	1 kgr dürre Birnen	80	5. 24
	2. Tag.	**Dienstag.**		
	Frühstück:			
31	Erdäpfelsuppe	1 kgr Erdäpfel	08	
	Geriebener Käse, Brot	Käse und Brot	55	
	9 Uhr:	(siehe 1. Tag)	72	
		Transport	135	5. 24

Rezept Nr.			Cts.	Fr. Cts.
		Transport	135	5.24
	Mittag:			
29	Kräutersuppe	Kräuter zur Suppe	20	
		Brot	15	
177	Dürre Kastanien mit Erdäpfel und Speck	½ kgr Kastanien	20	
		1 ½ kgr Erdäpfel	12	
		¾ kgr Magerspeck	150	
	Vesper:	(siehe 1. Tag)	83	
	Nachtessen:			
38	Paniermehlsuppe	Paniermehl von übrigem Brot		
173	Erdäpfelkuchen	2 kgr Erdäpfel	16	
		100 gr Speck, 3 Eier	47	
234	Krautsalat	Köhl	20	5.18

3. Tag. Mittwoch.

Rezept Nr.			Cts.	Fr. Cts.
	Frühstück:			
43	Haberkernsuppe	¼ kgr Haberkernen	10	
	Geriebener Käse, Brot	Käse und Brot	65	
	9 Uhr:			
	Magermilch und Brot	(siehe 1. Tag)	72	
	Mittag:			
34	Bohnensuppe	½ kgr Bohnen	30	
		2 kgr Brot	70	
306	Käsebrei	½ kgr Käse	80	
		1 l Milch	20	
214	Gebratene Aepfel	2 ½ kgr Aepfel	60	
		Zucker	10	
	Vesper:			
	Milchkaffee und Brot	(siehe 1. Tag)	83	
	Nachtessen:			
394	Schwarzthee mit Zucker	¼ kgr Zucker	20	
		Schwarzthee	20	
217	Aepfelrösti	1 kgr Brot	35	
		1 kgr saure Aepfel	24	
		Zucker	10	6.09

4. Tag. Donnerstag.

Rezept Nr.			Cts.	Fr. Cts.
	Frühstück:			
56	Milchsuppe und Brot	2 ½ l Milch	50	
		1 ½ kgr Brot	53	
		Transport	103	16.51

Rezept Nr.			Cts.	Fr. Cts.
		Transport	103	16.51
	9 Uhr:			
	Most und Brot	2 l Most	50	
		1 kgr Brot	35	
	Mittag:			
1	Tünklisuppe	1/4 kgr Brot zur Suppe	10	
	Gesottenes Rindfleisch	1 3/4 kgr Rindfleisch	298	
175	Rübli und Erdäpfel	1 kgr Rübli, 1 kgr Erdäpfel	28	
	Vesper:			
	Milchkaffee und Brot	(siehe 1. Tag)	83	
	Nachtessen:			
21	Fidelisuppe	150 gr Fidell	10	
309	Maisschnitten	1 kgr Mais	40	
233	Feldsalat	100 gr geriebener Käse	15	
		Salat	20	
		1 kgr Brot	35	7.27
	5. Tag. Freitag.			
	Frühstück.			
50	Suppe mit Schrotmehl	200 gr Schrotmehl	08	
		100 gr Weizenmehl	05	
	Geriebener Käse, Brot	200 gr Käse und Brot	65	
	9 Uhr:			
	Magermilch und Brot	(siehe 1. Tag)	72	
	Mittag:			
42	Durchgetrieb. Brotsuppe	Uebriges Brot zur Suppe		
317	Nudeln	3/4 kgr Mehl, 3 Eier, Milch	65	
223	Dürre Zwetschgen	1 kgr Zwetschgen	80	
		100 gr Käse	15	
		200 gr Zucker	15	
	Vesper:			
	Most und Brot	2 l Most, 1 kgr Brot	85	
	Nachtessen:			
	Kaffee mit Brot	(siehe 1. Tag)	83	
321	Eierhaber	1/2 kgr Mehl, 5 Eier Milch	70	5.63
	6. Tag. Samstag.			
	Frühstück:			
43	Grünkernsuppe	1/4 kgr Grünkerne	18	
	Geriebener Käse, Brot	Käse und Brot	55	
		Transport	73	29.41

Rezept Nr.			Cts.	Fr. Cts.
		Transport	73	29. 41
	9 Uhr:			
	Magermilch und Brot	(siehe 1. Tag)	72	
	Mittag:			
52	Wassersuppe	Brot zur Suppe	20	
196	Erbsenbrei	600 gr Erbsmehl	65	
		1 l Milch	20	
		50 gr frische Butter	15	
234	Krautsalat	Köhl	30	
	Vesper:			
	Milchkaffee und Brot	(siehe 1. Tag)	83	
	Nachtessen:			
37	Spätzlisuppe	Milch, Mehl und Eier	35	
152	Gebratene Erdäpfel	3 kgr Erdäpfel	24	
391	Hauskäse	1/2 kgr Hauskäse	80	5. 17

7. Tag. Sonntag.

Rezept Nr.			Cts.	Fr. Cts.
	Frühstück:			
	Milchkaffee und Brot	(siehe 1. Tag)	83	
	Mittag:			
19	Ribelisuppe	1 Ei, 1/4 kgr Mehl zur Suppe	23	
		Fleischextrakt	20	
101	Schweinsbraten	1 3/4 kgr Schweinefleisch à 90	315	
161	Erdäpfelstock	3 kgr Erdäpfel	24	
		1/2 l Milch	10	
215	Aepfelkompott	1 1/2 kgr Aepfel	36	
		Zucker	15	
	Vesper:			
	Bier und Brot	3 l Bier	105	
		1 kgr Brot	35	
	Nachtessen:			
393	Cacao mit Milch	Cacao mit Milch	70	
372	Hefekuchen	300 gr Zucker und Hefe	25	
		3/4 kgr Mehl, 4 Eier	66	
		200 gr Butter	50	
		1/2 l Milch zum Teig	10	8. 87
		Transport		43. 45

Rezept Nr.			Cts.	Fr. Cts.
		Transport:		43. 45
	8. Tag.	**Montag.**		
	Frühstück:	(siehe 1. Tag)	80	
	9 Uhr:	(siehe 1. Tag)	72	
	Mittag:			
17	Gerstensuppe	200 gr Ulmergerste	15	
185	Blumenkohl a. Buttersauce	3 Stück Blumenkohl	150	
		1 1/2 l Milch	30	
361	Kästörtli	200 gr Käse	35	
		4 Eier, 1/4 kgr Mehl, 200 gr Butt.	96	
	Vesper:			
	Most und Brot	(siehe 1. Tag)	85	
	Nachtessen:			
	Milchkaffee	Milchkaffee	58	
329	Eierschnitten	1 1/2 kgr Brot	50	
		5 Eier	45	7. 16
	9. Tag.	**Dienstag.**		
	Frühstück:	(siehe 2. Tag)	63	
	9 Uhr:	(siehe 1. Tag)	72	
	Mittag:			
9	Suppe mit Eierkäse	2 Eier, Milch, Mehl und Käse	40	
316	Jägerklöße	1 kgr Mehl, 100 gr Speck	60	
211	Aepfelmus	1/4 kgr Brot	10	
		2 kgr Aepfel	48	
		Zucker	10	
	Vesper:	(siehe 1. Tag)	83	
	Nachtessen:			
33	Gemüsesuppe	Uebriges Gemüse zu Suppe		
303	Reisbrei	1/2 kgr Reis	30	
		2 l Milch	40	
213	Süße Aepfelstückli	50 gr frische Butter	15	
		1/2 kgr dürre Aepfelstückli	40	
		Zucker	10	5. 21
	10. Tag.	**Mittwoch.**		
	Frühstück:	(siehe 3. Tag)	75	
	9 Uhr:	(siehe 1. Tag)	72	
		Transport	147	55. 82

Rezept Nr.			Cts.	Fr. Cts.
		Transport	147	55. 82
	Mittag:			
41	Kümmelsuppe	½ kgr Brot, Kümmel z. Suppe	20	
172	Erdäpfelkuchen mit Eiern	2 kgr Erdäpfel, Milch	24	
		6 Eier und Mehl	65	
200	Gedämpfte Rübli	3 kgr Rübli	60	
	Vesper:	(siehe 5. Tag)	85	
	Nachtessen:			
	Milchkaffee	Milchkaffee	58	
245	Rhabarberkuchen	½ kgr Mehl, 100 gr Butt., 1 Ei	45	
		2 kgr Rhabarberstengel	60	
		400 gr Zucker	30	5. 94
	11. Tag. Donnerstag.			
	Frühstück:	(siehe 4. Tag)	103	
	9 Uhr:	(siehe 1. Tag)	72	
	Mittag:			
13	Reissuppe	400 gr Reis	25	
74	Gedämpftes Rindfleisch mit aufgelegten Erdäpfeln	2 kgr Rindfleisch	340	
		1 kgr Erdäpfel	12	
205	Gehobelte Bodenrüben	2 kgr Bodenrüben	40	
	Vesper:			
	Milchkaffee und Brot	(siehe 1. Tag)	83	
	Nachtessen:			
18	Griessuppe	200 gr Gries	15	
		Fleischextrakt	20	
340	Käseauflauf	½ kgr Käse	75	
		1 ½ l Milch, 5 Eier	75	
212	Dürre, saure Aepfelstückli	¾ kgr Aepfelstückli, Zucker	70	6. 30
	12. Tag. Freitag.			
	Frühstück:	(siehe 5. Tag)	78	
	9 Uhr:	(siehe 1. Tag)	72	
	Mittag:			
27	Grünmehlsuppe	300 gr Grünmehl	25	
341	Käsreis	1 kgr Reis	60	
		200 gr Käse	35	
		½ l Milch	10	
229	Dürre Kastanien	1 kgr Kastanien, Zucker	50	
		Transport	330	68. 06

Rezept Nr.			Cts.	Fr. Cts.
		Transport	330	68. 06
	Vesper:	(siehe 1. Tag)	83	
	Nachtessen:			
	Maissuppe	¼ kgr Mais	10	
343	Krautkuchen	½ kgr Mehl, 1 Ei, ½ l Milch	39	
		100 gr Butter oder Speck	25	
		1 Körbli Spinat, 2 Eier	45	
	Most	2 l Most	50	5. 82
	13. Tag.	**Samstag.**		
	Frühstück:	(siehe 6. Tag)	73	
	9 Uhr:	(siehe 1. Tag)	72	
	Mittag:			
23	Maccaronisuppe	200 gr Maccaroni	12	
		Fleischextrakt	20	
169	Erdäpfelrollen	2 kgr Erdäpfel, 3 Eier	43	
		¼ kgr Mehl, 200 gr Käse	40	
180	Bairischkraut	2 Köpfe Rotkraut	60	
		100 gr Speck	20	
	Vesper:	(siehe 1. Tag)	83	
	Nachtessen:			
30	Wurzelsuppe	Verschiedene Wurzeln	25	
164	Maluns	2 kgr Erdäpfel	16	
		½ kgr Mehl	20	
	Sauermilch	2 l Milch	40	5. 24
	14. Tag.	**Sonntag.**		
	Frühstück:	(siehe 7. Tag)	83	
	Mittag:			
26	Einlaufsuppe	120 gr Mehl, 2 Eier, Milch	25	
78	Rindsbraten	2 kgr Rindfleisch	340	
163	Gebackene Erdäpfel	2 ½ kgr Erdäpfel	20	
236	Endiviensalat	Salat	25	
	Vesper:	(siehe 5. Tag)	85	
	Nachtessen:			
	Milchkaffee	Milchkaffee	58	
370	Eierzopf	1 ½ kgr Mehl, 5 Eier	105	
		250 gr Butter	60	
		Hefe und Milch	25	8. 26
		Transport		87. 38

Rezept Nr.			Cts.	Fr. Cts.
		Transport		87.38

15. Tag. Montag.

Rezept Nr.			Cts.	Fr. Cts.
	Frühstück:	(siehe 1. Tag)	80	
	9 Uhr:	(siehe 1. Tag)	72	
	Mittag:			
21	Fidelisuppe	150 gr Fideli	10	
168	Erdäpfelnudeln	2 kgr Erdäpfel	16	
322	Eier an saurer Sauce	13 Eier	117	
		200 gr Käse	35	
		1/2 kgr Mehl, 1 kgr Brot	55	
	Vesper:	(siehe 1. Tag)	33	
	Nachtessen:			
33	Gemüsesuppe	Von übrigem Gemüse		
342	Käskuchen, Most	1/2 kgr Mehl, 1 Ei, 100 gr Butter	55	
		400 gr Käse	70	
		2 l Most	50	6.43

16. Tag. Dienstag.

Rezept Nr.			Cts.	Fr. Cts.
	Frühstück:	(siehe 2. Tag)	63	
	9 Uhr:	(siehe 1. Tag)	72	
	Mittag:			
24	Flädlisuppe	2 Eier, Milch und Mehl	30	
		Fleischextrakt	20	
310	Griesschnitten	1/2 kgr Gries, 2 l Milch	70	
223	Zwetschgen	1 1/2 kgr Zwetschgen u. Zucker	85	
	Vesper:	(siehe 1. Tag)	83	
	Nachtessen:			
44	Habersuppe mit Braunmehl	100 gr Habermehl 100 gr Braunmehl	15	
157	Geröstete Erdäpfel	3 kgr Erdäpfel	24	
	Magermilch	2 l Magermilch, saure	20	
		1 kgr Brot	35	5.17

17. Tag. Mittwoch.

Rezept Nr.			Cts.	Fr. Cts.
	Frühstück:	(siehe 3. Tag)	75	
	9 Uhr:	(siehe 1. Tag)	72	
		Transport	147	98.98

Rezept Nr.			Cts.	Fr. Cts.
		Transport	147	98.98
	Mittag:			
2	Kraftsuppe	Ein altes Huhn.	100	
312	Risotto	1 kgr Reis	60	
		100 gr Speck, 100 gr Käs	45	
249	Gemischter Salat	Rübli, Köhl, Randen, Erdäpf.	55	
		2 Eier	18	
	Vesper:	(siehe 1. Tag)	83	
	Nachtessen:			
46	Geröstete Griessuppe	250 gr Gries	15	
172	Eierkuchen mit Erdäpfel	1 kgr Erdäpfel	08	
		5 Eier, Mehl und Milch	55	
253	Gekochte Kirschen	2 kgr Kirschen	70	
		Zucker und Brot	45	7.01
	18. Tag. Donnerstag.			
	Frühstück:	(siehe 4. Tag)	103	
	9 Uhr:	(siehe 1. Tag)	72	
	Mittag:			
16	Tapiokasuppe	$\frac{1}{4}$ kgr Tapioka	20	
119	Leberknöpfli	1 kgr Rindsleber	170	
		2 Eier, Mehl und Brot	35	
194	Weiße Böhnli	1 kgr weiße Böhnli	40	
	Vesper:			
	Most und Brot	(siehe 8. Tag)	85	
	Nachtessen:			
	Kaffee	Milchkaffee	58	
332	Milchöhrli	1 kgr Mehl, 1 l Milch	60	
		100 gr frische Butter	25	6.68
	19. Tag. Freitag.			
	Frühstück:	(siehe 5. Tag)	78	
	9 Uhr:	(siehe 1. Tag)	72	
	Mittag:			
11	Grüne Klößlisuppe	100 gr Mehl, 2 Eier, Milch	30	
		Grüne Kräuter	05	
273	Dampfnudeln	1 kgr Mehl, 6 Eier, Hefe	100	
216	Gebackenes Aepfelmus	$\frac{1}{4}$ kgr Zucker, 200 gr Butter	65	
		1 l Milch, 3 kgr Aepfel	90	
	Vesper:	(siehe 1. Tag)	83	
		Transport	523	112.67

Rezept Nr.			Cts.	Fr. Cts.
		Transport	523	112. 67
	Nachtessen:			
53	Buttersuppe	100 gr frische Butter und Brot	45	
230	Durchgetriebene Kastanien	1 kgr dürre Kastanien	40	
	Schlagrahm	¼ kgr Zucker	15	
		1 l Rahm	130	7. 53
	20. Tag.	**Samstag.**		
	Frühstück:	(siehe 6. Tag)	73	
	9 Uhr:	(siehe 1. Tag)	72	
	Mittag:			
32	Geriebene Erdäpfelsuppe	1 kgr Erdäpfel u. Braunmehl	25	
187	Kohlraben an Buttersauce	10 Stück Kohlraben	50	
360	Gesalzene Rahmpastetli	300 gr frische Butter	75	
		½ l Milch, ½ kgr Mehl	20	
		3 Eier	27	
	Vesper:	(siehe 1. Tag)	83	
	Nachtessen:			
394	Thee und Brot	Schwarzthee und Zucker	45	
		Brot	35	
226	Heidelbeercharlotte	¼ kgr Mehl, 50 gr Butter	20	
		1 Ei, Milch und Zucker	35	
		1 kgr Heidelbeeren	55	6. 15
	21. Tag.	**Sonntag.**		
	Frühstück:	(siehe 7. Tag)	83	
	Mittag:			
	Julienne mit Reis	½ Paket Reisjulienne	25	
		1 ½ kgr Rinds-, Kalbs- und Schweinefleisch	285	
100	Netzbraten	1 Kalbsnetz	40	
		1 kgr Brot, 3 Eier	60	
193	Zuckererbsen und Rübli	1 kgr Erbsen, 1 kgr Rübli	90	
231	Kopfsalat	Salat	25	
	Vesper:			
	Most und Brot	(siehe 5. Tag)	85	
	Nachtessen:			
	Milchkaffee und Brot	(siehe 1. Tag)	83	
368	Ziegerkugeli	1 kgr Milchzieger und Zucker	60	
		¼ kgr Mehl, 3 Eier, Milch	45	8. 81
		Transport		135. 16

Rezept-Nr.			Cts.	Fr. Cts.
		Transport		135. 16
	22. Tag. Montag.			
	Frühstück:	(siehe 1. Tag)	80	
	9 Uhr:	(siehe 1. Tag)	72	
	Mittag:			
4	Lebersuppe	250 gr Rindsleber, 1 Ei, Mehl	60	
315	Wasserschnitten	½ kgr Mehl, 3 Eier, ½ l Milch	50	
		1 kgr Brot	35	
	Spinat mit Eiern	Spinat, 5 Eier, 100 gr Speck	90	
	Vesper:	(siehe 1. Tag)	83	
179	Nachtessen:			
33	Gemüsesuppe	Suppe von übrigem Gemüse		
226	Gekochte Kirschen	2 kgr Kirschen	80	
369	Amerikanisches Weißbrot	250 gr Zucker	15	
		1 kgr Mehl, 1 l Milch, Hefe	65	6. 30
	23. Tag. Dienstag.			
	Frühstück:	(siehe 2. Tag)	63	
	9 Uhr:	(siehe 1. Tag)	72	
	Mittag:			
35	Erbsensuppe mit Reis	300 gr Erbsen, 100 gr Reis	25	
170	Grüne Erdäpfelklöße	2 kgr Erdäpfel, 100 gr Speck	36	
		3 Eier, Kräuter	40	
210	Aepfelmus von Backobst,	1 kgr Backobst, Zucker	100	
		Milch und Mehl	15	
	Vesper:	(siehe 1. Tag)	83	
	Nachtessen:			
38	Paniermehlsuppe	Suppe von übrigem Brot		
226	Heidelbeermus	1 ½ kgr Heidelbeeren, Zucker	85	
	Ziegermilch	2 l Milch	40	5. 59
	24. Tag. Mittwoch.			
	Frühstück:	(siehe 3. Tag)	75	
	9 Uhr:	(siehe 1. Tag)	72	
	Mittag:			
40	Zwiebelsuppe	½ kgr Brot	20	
165	Erdäpfel an Buttersauce	3 kgr Erdäpfel, Milch und		
		frische Butter	60	
193	Auskernerbsen	1 kgr Auskernerbsen	90	
		1 kgr Brot	35	
		Transport	352	147. 05

Rezept Nr.			Cts.	Fr. Cts.
		Transport	352	147.05
	Vesper:	(siehe 5. Tag)	85	
	Nachtessen:			
	Milchkaffee und Brot	(siehe 1. Tag)	83	
323	Kirschomeletten	¼ kgr Mehl, 5 Eier, Milch	60	
		1 kgr Kirschen, Zucker	55	6.35

25. Tag. Donnerstag.

Rezept Nr.			Cts.	Fr. Cts.
	Frühstück:	(siehe 4. Tag)	103	
	9 Uhr:	(siehe 4. Tag)	85	
	Mittag:			
49	Reisschleimsuppe	250 gr Reis	15	
82	Essigfleisch	1 ¾ kgr Rindfleisch	300	
317	Maccaroni	¾ kgr Maccaroni	55	
		Brot	35	
	Vesper:	(siehe 1. Tag)	83	
	Nachtessen:			
51	Mehlsuppe mit Erdäpfelrösti	80 gr Braunmehl	05	
		1 krg Erdäpfel	08	
305	Griesbrei	½ kgr Weizengries	30	
213	Gesottene Birnenschnitze	2 l Milch, 50 gr fr. Butter	55	
		1 kgr Birnenstückli u. Zucker	70	8.44

26. Tag. Freitag.

Rezept Nr.			Cts.	Fr. Cts.
	Frühstück:	(siehe 5. Tag)	78	
	9 Uhr:	(siehe 1. Tag)	72	
	Mittag:			
35	Linsensuppe	½ kgr Linsen	35	
		½ kgr Mehl, 100 gr Butter, 4 Eier	75	
364	Rahmstrudel	½ l Milch, Zucker, ¼ l Rahm	65	
208	Rhabarberkompott	1 ½ kgr Rhabarberstengel	60	
	Vesper:	(siehe 1. Tag)	83	
	Nachtessen:			
394	Thee	Schwarzthee und Zucker	50	
331	Gefüllte Brölli	10 Weggli	70	
		4 Eier, Zucker, Nußkernen	60	6.48
		Transport		168.32

Rezept-Nr.				Fr. Cts.
		Transport		168. 32
	27. Tag. Samstag.			
	Frühstück:	(siehe 6. Tag)	73	
	9 Uhr:	(siehe 1. Tag)	72	
	Mittag:			
27	Suppe mit Erbswurst	1/5 Erbswurst	45	
320	Eierröſti mit Brot	1 kgr Brot	35	
		8 Eier	72	
225	Kirſchkompott	2 kgr Kirſchen	80	
		Zucker	20	
	Veſper:	(ſiehe 1. Tag)	83	
	Nachteſſen:			
31	Erdäpfelſuppe	1 kgr Erdäpfel	08	
390	Brotſchnittenpudding	1 kgr Brot, Zucker	55	
297	Obſtſauce	4 Eier, Milch, Roſinen, Nüſſe Johannisbeeren und Zucker zur Sauce	65	
			40	6. 48
	28. Tag. Sonntag.			
	Frühstück:	(ſiehe 7. Tag)	83	
	Mittag:			
8	Suppe mit Schwammklößen	2 Eier, Mehl, Butter, Fleiſchextrakt	60	
91	Gefüllte Kalbsbruſt	1 1/2 kgr Kalbsbruſt	315	
		2 Eier, Speck und Brot	50	
188	Gebratene Kohlraben	10 Stück Kohlraben	60	
221	Birnenkompott	2 kgr Birnen, Zucker u. Wein	105	
	Veſper:	(ſiehe 5. Tag)	85	
	Nachteſſen:			
	Milchkaffee und Brot	(ſiehe 1. Tag)	83	
351	Turnerkuchen	100 gr Butter, 5 Eier, 400 gr Zucker	95	
		Milch, Nußkernen, Mehl und Kirſchwaſſer	55	9. 91
	29. Tag. Montag.			
	Frühstück:	(ſiehe 1. Tag)	80	
	9 Uhr:	(ſiehe 1. Tag)	72	
		Transport	152	184. 71

Rezept Nr.			Cts.	Fr. Cts.
		Transport	152	184. 71
	Mittag:			
16	Reisjulienne	Reisjulienne	25	
142	Gebratene Fische	1 ½ kgr Fische	300	
155	Salzerdäpfel	2 kgr Erdäpfel	16	
234	Krautsalat	Köhl	30	
	Vesper:	(siehe 1. Tag)	83	
	Nachtessen:			
33	Gemüsesuppe	Von Uebrigem		
338	Eierauflauf	8 Eier und Milch	85	
213	Birnenstückli	200 gr Zucker, 50 gr Mehl	20	
		1 kgr dürre Birnen	100	8. 11

30. Tag. Dienstag.

Rezept Nr.			Cts.	Fr. Cts.
	Frühstück:	(siehe 2. Tag)	63	
	9 Uhr:	(siehe 1. Tag)	72	
	Mittag:			
25	Traufsuppe	1 Ei, Milch, Mehl, Fleischertr.	45	
109	Bratwürste	10 Bratwürste à 30	300	
183	Spinatpudding	1 Korb Spinat	70	
		4 Eier, Speck, Rham	80	
	Vesper:	(siehe 5. Tag)	85	
	Nachtessen:			
	Milchkaffee und Brot	(siehe 1. Tag)	83	
333	Eierröhrli	5 Eier, ½ kgr Mehl, ½ Tasse Rham	90	8. 87
	Durchschnittlich jeden Tag:	Fett pr. kgr 2. 20	1650	
		Gartengewürze (Grüns) 6 Cts.	180	
		Küchengewürze (Pfeffer, Zimmt ꝛc.) 4 Cts.	120	
		Salz 3 Cts.	90	
		Oel und Essig 8 Cts.	240	
		Brennmaterial 1 Fr.	3000	52. 80
		Summa		234. 49

Herbst und Winter.

Rezept Nr.			Cts.	Fr. Cts.
	1. Tag. Montag.			
	Frühstück:			
392	Kaffee mit Brot	Milch 2 1/2 l à 20 Cts.	50	
		Kaffeepulver und Essenz	20	
		1 1/2 kgr Brot à 35 Cts.	53	
	Magerkäse	1/2 kgr Magerkäse	60	
	Mittag:			
1	Tünklisuppe	1/2 kgr Brot zur Suppe	18	
	Gesottenes Rindfleisch	1 3/4 kgr Rindfleisch à 85 Cts.	300	
178	Gedämpfter Köhl mit aufgelegten Erdäpfeln	3 Kohlköpfe à 10 Cts.	30	
		1 1/2 kgr Erdäpfel à 8 Cts.	12	
	Vesper:			
	Milchkaffee mit Brot	2 l Milch	40	
		1 1/2 kgr Brot	53	
		Kaffeepulver und Essenz	20	
	Nachtessen:			
13	Reissuppe	1/4 kgr Reis	14	
209	Aepfelbrei	3 kgr Aepfel	60	
	Butterbrot	1 1/2 kgr Brot	53	
		200 gr frische Butter	50	
		Mehl, Milch und Zucker zum Brei	30	8. 63
	2. Tag. Dienstag.			
	Frühstück:			
	Kaffee, Brot	Kaffee mit Milch (siehe 1. Tag)	70	
		1 kgr Brot	35	
157	Geröstete Erdäpfel	2 kgr Erdäpfel	16	
	Mittag:			
30	Wurzelsuppe	Versch. Wurzeln zur Suppe	20	
98	Kalbsragout	2 kgr Kalbfleisch	400	
202	Gebratene Rübli	2 kgr Rübli	40	
	Brot	1 kgr Brot	35	
		Transport	616	8. 63

Rezept Nr.			Cts.	Fr. Cts.
		Transport	616	8.63
	Vesper:	Milchkaffee u. Brot (s. 1. Tag)	105	
	Nachtessen:			
27	Erbsenmehlsuppe	¼ kgr Erbsenmehl	25	
341	Käsreis	¾ kgr Reis	42	
		100 gr Käse	15	
312	Aepfelschnitzli	2 kgr saure Aepfel	40	
		Zucker	08	
		1 kgr Brot	35	8.86

3. Tag. Mittwoch.

Rezept Nr.			Cts.	Fr. Cts.
	Frühstück:			
	Milchkaffee, Brot	(siehe 1. Tag)	125	
	Frische Butter	¼ kgr frische Butter	70	
	Mittag:			
50	Braunmehlsuppe mit Brot	¼ kgr Mehl zur Suppe	15	
		1 kgr Brot	35	
102	Schweinspfeffer	2 kgr Schweinefleisch	360	
317	Nudeln	1 kgr Mehl zu Nudeln	40	
		3 Eier	24	
		Milch	10	
	Vesper:			
	Milchkaffee und Brot	(siehe 1. Tag)	123	
	Nachtessen:			
44	Habergriessuppe	¼ kgr Habergries	15	
151	Gesottene Erdäpfel	3 kgr Erdäpfel	24	
	Käse und Most	½ kgr Käse	80	
		2 ½ l Most à 25 Cts.	65	9.86

4. Tag. Donnerstag.

Rezept Nr.			Cts.	Fr. Cts.
	Frühstück:			
	Milchkaffee mit Brot	(siehe 1. Tag)	125	
164	Maluns	2 kgr Erdäpfel, ½ kgr Mehl	36	
	Mittag:			
52	Wassersuppe	½ kgr Brot	18	
121	Leberpudding	1 kgr Rindsleber, 2 Eier	186	
194	Bohnen	2 kgr Bohnen	80	
245	Erdäpfelsalat	2 kgr Erdäpfel	16	
	Brot	1 kgr Brot	35	
	Vesper:	(siehe 1. Tag)	113	
		Transport	609	27.35

Rezept Nr.			Cts.	Fr. Cts.
		Transport	609	27. 35
	Nachtessen:			
	Thee	Thee	20	
174	Gefüllte Erdäpfel	½ kgr Würfelzucker	35	
		3 kgr Erdäpfel	24	
		½ kgr Hackfleisch	100	7. 88
	5. Tag. Freitag.			
	Frühstück:			
393	Cacao mit Milch	100 gr Cacao	30	
	Brot und Zucker	½ kgr Zucker	35	
		2 ½ l Milch	50	
		1 ½ kgr Brot	53	
	Mittag:			
35	Erbsensuppe	300 gr gelbe Erbsen	20	
313	Käsknöpfli	1 kgr Mehl	40	
		3 Eier und Milch	35	
		¼ kgr Käse	40	
213	Birnenstückli	2 ½ kgr Birnen	50	
		1 kgr Brot	35	
	Vesper:	(siehe 1. Tag)	113	
	Nachtessen:			
29	Köhlsuppe	1 Kopf Köhl und Lauch	20	
302	Habergriesbrei	½ kgr Habergries	30	
	Milch	3 l Milch	60	6. 11
	6. Tag. Samstag.			
	Frühstück:			
	Milchkaffee und Brot	(siehe 1. Tag)	125	
	Milchzieger	¾ kgr Milchzieger	30	
		Zucker	10	
	Mittag:			
26	Einlaufsuppe	200 gr Mehl, 3 Eier u. Milch zur Suppe	45	
101	Schweinsbraten	1 ¾ kgr Schweinefleisch à 95	335	
161	Erdäpfelstock	3 kgr Erdäpfel	24	
		½ l Milch	10	
		1 kgr Brot	35	
		Transport	614	41. 34

Rezept Nr.			Cts.	Fr. Cts.
		Transport	614	41.34
	Nachtessen:			
33	Gemüsesuppe	Suppe von übrigem Gemüse		
317	Maccaroni mit Käse	1 kgr Maccaroni	70	
		$^1/_4$ kgr Käse	40	
242	Salat von Rübli	2 kgr Rübli	40	7.64
	7. Tag. Sonntag.			
	Frühstück:			
	Milchkaffee und Brot	(siehe 1. Tag)	123	
	Mittag:			
9	Suppe mit Eierkäse	3 Eier, 50 gr Mehl, 1 Tasse Milch	35	
		Fleischextrakt	20	
89	Kalbsnierenbraten	2 kgr Kalbfleisch à 220	440	
162	Gebackene Erdäpfel	1 $^1/_2$ kgr Erdäpfel	12	
326	Gerollte Omeletten	6 Eier, $^1/_4$ kgr Mehl, $^1/_2$ l Milch	68	
		Obstmus und Zucker	60	
	Vesper:			
	Most und Brot	2 $^1/_2$ l Most	70	
		1 $^1/_2$ kgr Brot	53	
	Nachtessen:			
371	Thee und Hefebrötli	Schwarzthee, Zucker	50	
		1 kgr Mehl	40	
		4 Eier, 150 gr Butter, Hefe	80	
		Milch	10	10.61
	8. Tag. Montag.			
	Frühstück:			
	Milchkaffee, Brot	(siehe 2. Tag)	121	
	Geröstete Erdäpfel			
	Mittag:			
46	Maissuppe	$^1/_4$ kgr Mais	10	
73	Ueberzogenes Rindfleisch	1 $^3/_4$ kgr Fleisch	300	
		2 Eier, Mehl, Milch und Käse	35	
187	Kohlrüben	10 Stück Kohlrüben	50	
		Frische Butter und Mehl zur Sauce	15	
	Vesper:	(siehe 1. Tag)	113	
		Transport	644	59.59

Rezept Nr.			Cts.	Fr. Cts.
		Transport	644	59. 59
	Nachtessen:			
50	Mehlsuppe mit Schrotmehl	$^1/_4$ kgr Schrotmehl	15	
303	Reisbrei	$^1/_2$ kgr Reis	28	
		2 l Milch	40	
211	Zwetschgenmus	2 kgr frische Zwetschgen	60	
		$^1/_4$ kgr Zucker und 50 gr frische Butter	30	8. 17
	9. Tag. Dienstag.			
	Frühstück:			
	Milchkaffee	Milchkaffee	70	
369	Amerikan. Weißbrot	1 kgr Mehl, $^1/_2$ l Milch und Hefe	60	
	Mittag:			
17	Gerstensuppe	$^1/_4$ kgr Gerste	20	
118	Geröstete Leber	1 $^1/_4$ kgr Leber à 2 Fr.	250	
195	Weiße Bohnen	1 kgr weiße Bohnen	80	
238	Gurkensalat	4 Stück Gurken	60	
	Vesper:	(siehe 1. Tag)	113	
	Nachtessen:			
56	Milchsuppe	2 $^1/_2$ l Milch, $^1/_2$ kgr Brot	65	
321	Eierhaber	$^3/_4$ kgr Mehl, 7 Eier	86	
211	Aepfelmus	2 $^1/_2$ kgr saure Aepfel	50	
		Zucker	15	8. 69
	10. Tag. Mittwoch.			
	Frühstück.			
	Milchkaffee und Brot	(siehe 1. Tag)	123	
262	Aepfelgelée	$^1/_2$ kgr Aepfelgelée	60	
	Mittag:			
16	Tapiokasuppe	$^1/_8$ kgr Tapioka	25	
74	Gedämpftes Rindfleisch	1 $^3/_4$ kgr Rindfleisch	300	
179	Gehackter Köhl	Blätterköhl	25	
215	Aepfelkompott	2 kgr Aepfel	40	
		$^1/_4$ kgr Zucker	15	
	Vesper:	(siehe 1. Tag)	113	
		Transport	701	76. 45

Rezept Nr.			Cts.	Fr. Cts.
		Transport	701	76. 45
	Nachtessen:			
33	Gemüsesuppe	Gemüse zu Suppe	20	
322	Eier an saurer Sauce	10 Eier	90	
		50 gr frische Butter	15	
242	Rübli, gebraten	2 kgr Rübli	30	8. 56

11. Tag. Donnerstag.

Rezept Nr.			Cts.	Fr. Cts.
	Frühstück:			
	Milchkaffee und Brot	(siehe 1. Tag)	123	
223	Gesottene Birnen	1 kgr dürre Birnen	100	
	Mittag:			
18	Griessuppe	$^1/_4$ kgr Gries	15	
94	Rindfleischschnitten	2 kgr Rindfleisch	340	
	Im Ofen gebackene Erdäpfel	2 kgr Erdäpfel	16	
244	Bohnensalat	1 kgr junge Bohnen	40	
	Vesper:	(siehe 1. Tag)	113	
	Nachtessen:			
53	Buttersuppe	2 kgr Brot	70	
		100 gr frische Butter	25	
	Brotschnitten mit Fleischhaschée	$^1/_4$ kgr Schinken	70	
222	Zwetschgenkompott	2 kgr Zwetschgen u. Zucker	100	10. 12

12. Tag. Freitag.

Rezept Nr.			Cts.	Fr. Cts.
	Frühstück:			
	Kaffee mit Brot	(siehe 2. Tag)	105	
157	Geröstete Erdäpfel	1 $^1/_2$ kgr Erdäpfel	16	
	Mittag:			
35	Linsensuppe	$^1/_2$ kgr Linsen	40	
185	Blumenkohl an Buttersauce	2 Stück Blumenkohl	100	
		$^1/_2$ l Milch	10	
		80 gr frische Butter	20	
309	Maisschnitten mit Käse und Brot	$^3/_4$ kgr Mais	30	
		$^1/_4$ kgr Käse und 1 kgr Brot	70	
	Vesper:	(siehe 1. Tag)	113	
		Transport	504	95. 13

Rezept Nr.			Cts.	Fr. Cts.
		Transport	504	95. 13
	Nachtessen:			
29	Kräutersuppe	Kräuter zur Suppe	25	
173	Erdäpfelkuchen	2 kgr Erdäpfel, 3 Eier	40	
		1/4 kgr Käse	35	
		50 gr frische Butter	14	
236	Endiviensalat	Salat	60	6. 78
	13. Tag. Samstag.			
	Frühstück:			
	Milchkaffee mit Brot und Magerkäse	(siehe 1. Tag)	181	
	Mittag:			
41	Kümmelsuppe	1 kgr Brot und Kümmel	40	
176	Schnitz und Erdäpfel	1 1/2 kgr Erdäpfel	12	
		1 kgr Birnen	25	
	Rauchfleisch und Speck	1/2 kgr Speck	100	
		1 kgr geräuchert. Rindfleisch	200	
	Vesper:			
	Most und Brot	(siehe 7. Tag)	123	
	Nachtessen:			
35	Erbsensuppe	1/2 kgr Erbsen	25	
151	Gesottene Erdäpfel	2 kgr Erdäpfel	16	
	Ziegermilch und Brot	2 l Milch	30	
		1 kgr Brot	35	7. 87
	14. Tag. Sonntag.			
	Frühstück:			
	Milchkaffee und Brot	(siehe 1. Tag)	123	
	Mittag:			
25	Gebackene Traufsuppe			
79	Roastbeef	1 3/4 kgr Fleisch (Schoß)	375	
169	Erdäpfelrollen	1 1/2 kgr Erdäpfel	12	
234	Krautsalat	2 Köhlköpfe	30	
352	Nußkuchen	100 gr Butter, 1/4 kgr Nüsse	50	
		9 Eier, 1/4 kgr Zucker	96	
		1/2 kgr Mehl	20	
		1/2 l Milch	10	
	Vesper:	(siehe 1. Tag)	113	
		Transport	829	109. 78

Rezept Nr.			Cts.	Fr. Cts.
		Transport	829	109. 78
	Nachtessen:			
	Thee	Schwarzthee, Zucker	50	
	Schinkenbrötchen	1 kgr Mehl, Hefe und Milch zu Brötli	60	
		1/4 kgr Schinken	70	
		100 gr frische Butter	25	10. 34
	15. Tag.	**Montag.**		
	Frühstück:			
	Milchkaffee mit Brot	(siehe 1. Tag)	123	
308	Maisrösti (Polenta)	1 kgr Mais	40	
	Mittag:			
36	Grünmehlsuppe	1/4 kgr Grünmehl	25	
122	Kutteln	2 kgr Kutteln	200	
155	Salzerdäpfel	2 kgr Erdäpfel	16	
244	Böhnlisalat	1/2 kgr weiße Böhnli	25	
	Vesper:	(siehe 1. Tag)	113	
	Nachtessen:			
40	Zwiebelsuppe	1/2 kgr Brot	18	
		Zwiebeln	15	
310	Gebratene Pfluten (Mehlklöße)	1 kgr Mehl	40	
212	Aepfelstückli	2 1/2 kgr Aepfel	50	
		Zucker	08	6. 73
	16. Tag.	**Dienstag.**		
	Frühstück:			
	Kaffee, Brot	(siehe 2. Tag)	105	
	Geröstete Erdäpfel	1 1/2 kgr Erdäpfel	16	
	Mittag:			
14	Durchgetrieb. Reissuppe	400 gr Reis u. grüne Wurzeln	35	
82	Essigfleisch	1 3/4 kgr Rindfleisch	300	
313	Spätzli	1 kgr Mehl, 4 Eier, 1/2 l Milch	84	
	Vesper:	(siehe 1. Tag)	113	
	Nachtessen:			
27	Linsenmehlsuppe	1/4 kgr Linsenmehl	35	
304	Mehlbrei	1/2 kgr Mehl, 2 l Milch	60	
		50 gr frische Butter u. Zucker	25	
221	Birnenkompott	2 kgr Birnen	40	8. 13
		Transport		134. 98

Rezept Nr.			Cts.	Fr. Cts.
		Transport		134.98
	17. Tag. Mittwoch.			
	Frühstück:			
393	Cacao mit Milch	(siehe 5. Tag)	168	
	Brot und Zucker			
	Mittag:			
22	Nudelnsuppe	2 Eier, 200 gr Mehl	25	
		Fleischextrakt	15	
134	Blutwürste	2 kgr Blutwürste	120	
156	Gedämpfte Erdäpfel	2 1/2 kgr Erdäpfel	20	
238	Gurkensalat	5 Stück Gurken	50	
	Vesper:	(siehe 1. Tag)	113	
	Nachtessen:			
38	Paniermehlsuppe	Paniermehl (Ueberresten)		
		1/2 kgr Mehl, 2 Eier, 50 gr Butter	55	
366	Fleischstrudel	1/2 kgr Hackfleisch	90	
211	Aepfelkompott (Mus)	2 1/2 kgr Aepfel und Zucker	58	7.14
	18. Tag. Donnerstag.			
	Frühstück:			
	Milchkaffee, Brot	(siehe 1. Tag)	123	
	Frische Butter	1/4 kgr frische Butter	70	
	Mittag:			
19	Ribelisuppe	1 Ei, 200 gr Mehl	18	
71	Grüne Zunge	1 3/4 kgr Zunge	300	
312	Risotto	1 kgr Reis	70	
		1/4 kgr Käse	45	
		100 gr Speck	20	
	Vesper:	(siehe 13. Tag)	123	
	Nachtessen:			
	Chocolade mit Milch	Cacao mit Milch und Zucker	113	
370	Eierzopf	1 1/2 kgr Mehl, 6 Eier, 1/4 kgr Butter	170	10.52
	19. Tag. Freitag.			
	Frühstück:			
	Kaffee mit Brot	(siehe 1. Tag)	123	
309	Maisschnitten	1 kgr Mais	40	
		Transport	163	152.64

Rezept Nr.			Cts.	Fr. Cts.
		Transport	163	152. 64
	Mittag:			
29	Köhlsuppe	1 Kohlköpfchen	10	
209	Aepfelmus	3 kgr Aepfel	60	
		Milch, Mehl und Zucker	25	
329	Eierschnitten	6 Eier	54	
		2 kgr Brot	70	
	Vesper:	(siehe 1. Tag)	113	
	Nachtessen:			
48	Gerstenschleimsuppe	½ kgr Gerstenschleim-Mehl	50	
		1 kgr Mehl	40	
321	Eierhaber	6 Eier, ½ l Milch	64	
223	Dürre Kirschen	1 kgr dürre Kirschen	100	
		1 kgr Brot und Zucker	45	7. 94

20. Tag. Samstag.

	Frühstück:			
	Milchkaffee mit Brot	(siehe 1. Tag)	183	
	Magerkäse			
	Mittag:			
21	Fidelisuppe	¼ kgr Fideli	15	
123	Kalbsgekrös	2 kgr Kalbsgekrös	200	
180	Bairischkraut	3 Köpfchen Rotkraut	60	
		3 Deziliter Wein	20	
		50 gr frische Butter	14	
	Gesottene Erdäpfel	1 ½ kgr Erdäpfel	12	
	Vesper:			
	Most und Brot	(siehe 13. Tag)	123	
	Nachtessen:			
46	Geröstete Griessuppe	¼ kgr Gries	15	
		1 ½ kgr Brot	53	
320	Eierrösti	8 Eier	72	
231	Kopf-Salat	Kopf-Salat	50	8. 17

21. Tag. Sonntag.

	Frühstück:			
	Milchkaffee und Brot	(siehe 1. Tag)	123	
		Transport	123	168. 75

Rezept Nr.			Cts.	Fr. Cts.
		Transport	123	168. 75
	Mittag:			
8	Suppe mit Schwamm-klößen	2 Eier, 1/1 l Milch u. Mehl	25	
91	Gefüllte Kalbsbrust	1 3/4 kgr Kalbsbrust	350	
		3 Eier	27	
200	Gedämpfte Rübli	2 kgr Rübli	40	
234	Krautsalat	2 Köpfe Köhl	30	
363	Rahmtorte	3 Eier, 1/4 kgr Zucker, Mehl und Rahm	90	
	Vesper:			
	Milchkaffee und Brot	(siehe 1. Tag)	113	
	Nachtessen:			
	Thee	Schwarzthee und Zucker	50	
372	Hefekuchen	1 kgr Mehl	40	
		4 Eier, Hefe, Milch u. Zucker	65	
		250 gr Butter	65	10. 18
	22. Tag. Montag.			
	Frühstück:			
	Kaffee, Brot	Kaffee mit Brot	123	
323	Aepfelomeletten	1/4 kgr Mehl, 5 Eier	55	
		1/2 l Milch, 1 kgr Aepfel, Zucker	40	
	Mittag:			
30	Wurzelsuppe	Wurzeln	20	
103	Kaninchenpfeffer	2 kgr Kaninchenfleisch	280	
206	Gedämpfte Bodenrüben	2 kgr Bodenrüben	20	
157	Gebratene Erdäpfel	2 kgr Erdäpfel	16	
	Vesper:	(siehe 1. Tag)	113	
	Nachtessen:			
50	Mehlsuppe mit Brot	1/4 kgr Mehl	10	
		1/2 kgr Brot	18	
342	Käskuchen, Most	1/2 kgr Käse	90	
		1/2 kgr Mehl, 1 l Milch	40	
		2 l Most	50	8. 75
	23. Tag. Dienstag.			
	Frühstück:			
	Cacao mit Brot	(siehe 5. Tag)	168	
		Transport	168	187. 68

Rezept-Nr.			Cts.	Fr. Cts.
		Transport	168	187. 68
	Mittag:			
21	Eiergerstensuppe	$^1/_4$ kgr Eiergerste	17	
80	Dampfbraten	1 $^3/_4$ kgr Rindfleisch	300	
202	Gebratene Rübli	2 kgr Rübli	40	
236	Endiviensalat	Salat	40	
	Vesper:	(siehe 1. Tag)	113	
	Nachtessen:			
33	Gemüsesuppe	Uebriges Gemüse zur Suppe		
367	Gefüllte Pfannkuchen	1 kgr Mehl	40	
		4 Eier	36	
		1 kgr Dürrobst	90	
	Magermilch	3 l Milch (Mager)	36	8. 80
	24. Tag. Mittwoch.			
	Frühstück:			
	Kaffee mit Brot	(siehe 2. Tag)	121	
	Geröstete Erdäpfel			
	Mittag:			
39	Brotsuppe	Brot zur Suppe	20	
98	Schafsragout	2 kgr Schaffleisch	360	
155	Salzerdäpfel	3 kgr Erdäpfel	24	
234	Krautsalat	2 Köhlköpfe	40	
	Vesper:	(siehe 1. Tag)	113	
	Nachtessen:			
31	Erdäpfelsuppe	Erdäpfel und Grüns	15	
310	Griesschnitten	$^1/_2$ kgr Gries, 2 l Milch	70	
		4 Eier	36	
321	Birnenstückli	3 kgr Birnen	60	8. 59
	25. Tag. Donnerstag.			
	Frühstück:			
	Milchkaffee, Brot	(siehe 1. Tag)	183	
	Magerkäse			
	Mittag:			
27	Suppe mit Erbsmehl	$^1/_2$ Paket Erbsmehl	35	
109	Bratwürste	10 Bratwürste à 20	200	
157	Geröstete Erdäpfel	3 kgr Erdäpfel	24	
239	Randensalat	Randen	30	
	Vesper:	(siehe 1. Tag)	113	
		Transport	585	205. 07

Rezept Nr.			Cts.	Fr. Cts.
		Transport	585	205.07
	Nachtessen:			
	Geröstete Griessuppe	1/4 kgr Gries	15	
		Fleischextrakt	20	
343	Spinatkuchen	1/2 kgr Mehl, 1 Ei, Milch, Speck und Spinat	80	
	Most	2 l Most	50	7.50

26. Tag. Freitag.

Rezept Nr.			Cts.	Fr. Cts.
	Frühstück:			
	Kaffee und Brot	(siehe 1. Tag)	123	
262	Birnenhonig	1/2 kgr Birnenhonig (Gelée)	70	
	Mittag:			
34	Bohnensuppe	1/2 kgr Bohnen und Mehl	35	
220	Birnenbrei	3 kgr Birnen	60	
323	Eieromeletten	2 l Milch	40	
		10 Eier und Mehl	100	
	Vesper:	(siehe 1. Tag)	113	
	Nachtessen:			
43	Grünkernsuppe	1/2 kgr Grünkernen	35	
339	Gebackene Bienstmilch	2 l Bienstmilch	40	
212	Aepfelstückli	4 Eier und Mehl	40	
		3 kgr Aepfel und Zucker	70	7.26

27. Tag. Samstag.

Rezept Nr.			Cts.	Fr. Cts.
	Frühstück:			
	Milchkaffee, Brot	(siehe 1. Tag)	123	
	Frische Butter	1/4 kgr frische Butter	65	
	Mittag:			
1	Tünklisuppe	Brot zur Suppe	10	
98	Rinderagout	1 3/4 kgr Rindfleisch	300	
311	Gedämpfter Reis	3/4 kgr Reis	45	
242	Rüblisalat	2 kgr Rübli	40	
	Vesper:	(siehe 1. Tag)	113	
	Nachtessen:			
38	Paniermehlsuppe	Suppe von Brotresten		
340	Käseauflauf	1/2 kgr Käse	90	
		2 l Milch	40	
		6 Eier	54	
223	Dürre Zwetschgen	1 1/4 kgr d. Zwetschgen, Zucker	110	9.90
		Transport		229.73

Rezept Nr.			Cts.	Fr. Cts.
		Transport		229. 73
	28. Tag. Sonntag.			
	Frühstück:			
	Kaffee mit Brot	(siehe 1. Tag)	123	
	Mittag:			
15	Sagosuppe	1/4 kgr Sago	25	
108	Gebackener Schinken	2 kgr Schinken	400	
		1/2 kgr Mehl zu Teig	20	
182	Sauerkraut m. aufgelegten Erdäpfeln	1 1/2 kgr Sauerkraut	50	
		1 kgr Erdäpfel	08	
390	Brotschnittenpudding	1/2 kgr Brot zum Pudding	18	
		4 Eier, 1/2 l Milch, Zucker	60	
297	Aepfelsauce	1/2 kgr Aepfel	10	
	Vesper:	(siehe 1. Tag)	113	
	Nachtessen:			
	Thee	Thee und Zucker	30	
320	Rührei mit Schinken	8 Eier (Schinkenresten vom Mittag)	72	
221	Birnkompott	1 1/2 kgr Birnen u. Zucker	50	9. 79
	29. Tag. Montag.			
	Frühstück:			
	Milchkaffee und Brot	(siehe 1. Tag)	123	
172	Eierkuchen mit Erdäpfeln	1/2 kgr Erdäpfel	04	
		5 Eier, 1/4 kgr Mehl	55	
	Mittag:			
1	Brotsuppe	1/2 kgr Brot	18	
136	Poulet in Reis	2 Hühner	300	
		3/4 kgr Reis	45	
236	Endiviensalat	Salat	50	
	Vesper:	(siehe 1. Tag)	113	
	Nachtessen:			
	Mehlsuppe	1/4 kgr Mehl zur Suppe	10	
344	Zwiebelkuchen	1/2 kgr Mehl, 5 Eier, 1/4 kgr Zwiebeln	70	
	Most	2 l Most	50	8. 38
		Transport		247. 90

Rezept Nr.			Cts	Fr. Cts.
		Transport		247.90

30. Tag. Dienstag.

Rezept Nr.			Cts	Fr. Cts.
	Frühstück:			
	Cacao mit Milch	(siehe 5. Tag)	168	
	Brot und Zucker			
	Mittag:			
21	Eiergerstensuppe	$^1/_4$ kgr Eiergerste	18	
78	Gespickter Rindsbraten	1 $^3/_4$ kgr Rindfleisch	300	
196	Erbsenpürée	100 gr Speck	20	
		600 gr Erbsen, Milch, Mehl	65	
234	Krautsalat	1 Kopf Köhl	30	
	Vesper:	(siehe 1. Tag)	113	
	Nachtessen:			
33	Gemüsesuppe	Uebriges Gemüse zur Suppe		
316	Jägerklöße	$^1/_2$ kgr Mehl, 100 gr Speck	40	
		Brot und Zwiebeln	15	
215	Aepfelkompott	Aepfel und Zucker	55	8.24
	Durchschnittlich jeden Tag:	200 gr Fett per kgr à 2.20	1320	
		Gartengewürze(Grünes)5Cts.	150	
		Küchengewürze(Pfeff., Zimmt etc.) 4 Cts.	120	
		Salz 3 Cts.	90	
		Oel und Essig 5 Cts.	450	
		Brennmaterial 100 Cts.	3000	51.30
		Summa		307.44

Koch-Rezepte.

Suppen.

Die Suppen werden meistens am Anfang der Mahlzeit herum gereicht und mit Recht. Eine gute, nicht zu dicke Suppe reizt den Gaumen, macht Appetit und hilft die nachfolgenden Speisen im Magen verflüssigen und auflösen. Eine gute Suppe ist nahrhaft, weil sehr kräftige Stoffe dazu ausgezogen werden können, und sie ist leicht verdaulich, weil alles darin recht durchgekocht oder verstoßen oder durchgetrieben wird. Oft ist die Suppe auch ganze Mahlzeit, und es muß in diesem Fall besonders darauf geachtet werden, daß die Zubereitung dem Zwecke entspricht.

Bei einem Teil der nachfolgenden Rezepte ist die bestimmte Zahl Personen angegeben, für welche das angenommene Maß reicht. Ich muß aber bemerken, daß man keine Norm aufstellen kann, die für alle Fälle paßt. Ein bestimmtes Quantum Speise kann an einem Ort für die gegebene Zahl zu viel und an einem andern für gleich viel Leute zu wenig sein. Man kann in einem Kochbuch nur ein ungefähres Maß angeben, und es muß eine Haushälterin selbst dieses Maß für die Bedürfnisse der Familie vergrößern oder verkleinern, je nachdem Alter und Arbeitsleistung der Genießenden mehr oder weniger nötig macht.

Fleischbrühsuppen.

1. **Bereitung der Fleischbrühe (Bouillon).** Von 2 kgr Rind- oder Ochsenfleisch (Hohrücken, Schild, Laffe, Brustkern oder Halsstück) werden die außenliegenden Knochen herausgeschnitten,

in 4—6 l kaltes, schwach gesalzenes Wasser gelegt, nach einiger Zeit damit zum Feuer gebracht und langsam erhitzt. Hernach wird das noch nötige Salz und das Fleischstück hinein gegeben, ein zusammengebundenes Büschel Lauch, Sellerie, Petersilie, nach Belieben eine Zwiebel, ein halber Köhlkopf, 2—3 gelbe Rüben in einem gestrickten Netz aus Bindfaden zugefügt und auf nicht zu starkem Feuer gut zugedeckt weich gekocht. Die Suppe wird hernach durch ein Sieb gegossen und nach Belieben verwendet. Das Fleisch wird mit feinem Salz bestreut und heiß zu Tisch gebracht, das mitgekochte Wurzelwerk kann rings um das Fleisch angerichtet oder verschnitten in die Suppe gelegt werden.

Die bessern Suppenknochen können sauber aufbewahrt und ein nächstes Mal wieder in den Suppentopf gelegt werden, da dieselben das erste Mal nicht ganz ausgekocht sind.

Sollten Knochen von Kalb-, Schwein- und Schaffleisch oder Geflügel vorhanden sein, so tut man gut, dieselben im Ofen oder in der Pfanne zuerst gelb anbraten zu lassen, damit die Suppe davon nicht trübe, sondern klar bräunlich wird.

2. **Kraftbrühe.** 1 kgr Rindfleisch und ein gut gereinigtes altes Huhn werden samt den Knochen in Stücke geschnitten und gequetscht, mit dem nötigen Salz in 2—4 l kaltes Wasser gelegt, eine Messerspitze Natron und die beliebigen Gewürze nach 2 Stunden zugefügt und zugedeckt auf mäßigem Feuer 3—4 Stunden gekocht. Hernach wird die Brühe durch ein feines Sieb gegossen, rein abgefettet und verwendet. Für Kranke soll man die Gewürze weglassen. Das Fleisch ist nachher nicht mehr genießbar, da es ganz ausgelaugt ist.

3. **Suppe mit Fleischklößen.** 1/4 kgr rohes Ochsen- oder Kalbfleisch wird mit einem Sträußchen Petersilie, einer Chalotte und wenig Majoran ganz fein gehackt oder verstoßen und durch ein Sieb gestrichen, mit 1—2 Eiern, 1 Prise Pfeffer, dem nötigen Salz, ein wenig eingeweichtem und ausgedrücktem Weißbrot gemischt. Von dieser Masse werden nußgroße Klößchen geformt, in kochende Fleischbrühe gelegt und einmal aufgekocht. Wenn sie obenauf schwimmen, so sind sie gar und

werden heraus gezogen, in die Suppenschüssel gelegt und mit der klaren Fleischbrühe übergossen. Für 6–10 Personen.

Auch übrig gebliebenes Fleisch kann in der Weise verwendet werden, ist dann aber nicht so kräftig.

4. **Lebersuppe.** 1/4 kgr Kalbs- oder Rindsleber wird aus Haut und Adern geschabt (die Abfälle der Leber gehören in den Suppentopf), mit Petersilie, Chalotte, Salbei recht fein gehackt oder im Mörser gestoßen und durch ein Sieb getrieben, hernach mit 1—2 Eiern, dem nötigen Salz, ein wenig Muskatnuß und 1—2 Löffel Mehl gemischt; mit einem Kaffeelöffeli werden Klößli davon abgestochen, in kochende Fleischbrühe gelegt, einmal aufgekocht, angerichtet und sofort serviert. Für 8—10 Personen.

5. **Hirnsuppe.** Das Hirn wird in lauwarmes Wasser gelegt, rein abgehäutet und im weitern wie die Lebersuppe bereitet. 1 Hirn reicht für 6—8 Personen.

6. **Suppe mit gebrühten Klößchen.** 1/4 l Wasser, eine Prise Salz, ein Stückli Butter werden zusammen heiß gemacht, dann 120 gr Mehl auf einmal hinein gegeben und gerührt, bis sich der Teig von der Pfanne löst. Dieser Teig wird etwas abgekühlt, 1—2 Eier werden recht gut damit vermischt und nach Belieben ein wenig geriebener Käse und fein gehackte Petersilie damit vermengt, kleine Stückli davon abgestochen, in kochende Fleischbrühe oder in Salzwasser aufgekocht, in die Suppenschüssel gelegt und mit klarer, kochender Fleischbrühe übergossen, dann gewürzt.

7. **Suppe mit Brotklößchen.** 2 Milchbrötli werden in kaltem Wasser geweicht, nach 10 Minuten heraus genommen und fest ausgedrückt. Hernach wird 1 Löffel voll Butter heiß gemacht, das Brot hineingegeben, geröstet, bis es sich von der Pfanne löst und dann angerichtet. Wenn dies verkühlt ist, werden 2–3 Eier, Salz, Muskatnuß, gehackter Schnittlauch und Petersilie damit vermischt, Klößli davon abgestochen, in kochende Fleischbrühe gesetzt, 10 Minuten gekocht und in der Brühe serviert.

8. **Suppe mit Schwammklößli.** 4 Löffel voll Mehl werden mit $^1/_2$ Tasse Milch oder Fleischbrühe glatt gerührt, das nötige Salz zugefügt und 2 Eier gut damit gemischt; hernach wird in einer Pfanne 1 kleiner Löffel voll Butter heiß gemacht, die gerührte Masse hinein gegossen und dick gekocht. Darauf werden mit einem Löffeli Klößli abgestochen, in der Fleischbrühe gekocht, bis sie obenauf schwimmen, dann angerichtet und gewürzt. Für 8–10 Personen.

9. **Suppe mit Eierkäse.** 1–2 Eier, 1 Löffel voll Mehl, 1 kleine Tasse Milch, 1 Prise Salz werden zusammen glatt gerührt, dann ein Schüsseli oder tiefes Förmli mit Butter bestrichen, die gerührte Masse hinein gegossen, in kochendes Wasser gestellt und so dick gekocht. Dann werden mit einem Löffeli Klößli abgestochen, einmal aufgekocht, angerichtet und gewürzt. Für 8 Personen.

10. **Suppe mit Butterklößli.** 50 gr Butter wird schaumig gerührt, 2 Eigelb, 2 Löffel saurer Rahm, 1 Prise Salz und so viel Mehl werden hinein gerührt, bis der Teig zum Abstechen dick ist. Die Klöße werden 10 Minuten in Fleischbrühe gekocht. Für 10 Personen.

11. **Suppen mit grünen Klößen.** Eine Hand voll Körbel, Estragon, Petersilie, Lauch, Sellerie 2c. werden recht fein gehackt, dann ein Stück Butter zerlassen, das Gehackte 10 Minuten darin gedünstet, 1 eingeweichtes und ausgedrücktes Milchbrötli, das nötige Salz, 1 kleine Tasse Milch damit vermischt und gekocht, bis sich die Masse von der Pfanne löst, und dann abgekühlt. Hernach werden 2–3 Eier, Muskatnuß und ein wenig Mehl darunter gemischt, Klöße abgestochen und 10 Minuten in Fleischbrühe gekocht.

12. **Suppe mit Reisklößen.** 60–80 gr Reis wird erlesen, gewaschen, mit einer Tasse Milch und 1 Prise Salz dick eingekocht; hernach werden 2–3 Eier darunter gemischt, Klöße abgestochen und in kochende Fleischbrühe angerichtet, nachher mit gehackter Petersilie und Schnittlauch gewürzt. Für 10 Personen.

13. **Reissuppe.** 100 gr Reis wird erlesen, gewaschen, mit 2 Tassen Wasser oder Fleischbrühe zum Feuer gebracht und körnig weich gekocht; hernach wird die noch nötige klare Fleischbrühe dazu gegossen und nochmals aufgekocht. Nach Belieben können 1—3 Eigelb in die Schüssel gut verklopft und die Suppe unter Umrühren darüber angerichtet werden. Für 10 Personen.

14. **Durchgetriebene italienische Reissuppe.** 100 gr gewaschenes Reis, 100 gr frische ausgekernte Erbsen, 1 bis 2 geschnittene Lauchstengel, 1 Sellerie werden mit 1 l Wasser und Salz zum Feuer gebracht und recht weich gekocht. Dann wird ein Draht- oder Haarsieb verkehrt über ein passendes Geschirr gestellt und das weich Gekochte mit einer Holzkeule hindurch getrieben. Die nötige Fleischbrühe wird dann dazu gegossen, nochmals aufgekocht, über 1—2 Löffel voll Rahm oder Eigelb angerichtet und gewürzt. Für 6—8 Personen.

15. **Sagosuppe.** 100 gr grauer Sago wird mit $^1/_2$ l Wasser, dem nötigen Salz und einem kleinen Stückli Butter zum Feuer gebracht und das Wasser unter öfterm Umrühren eingekocht. Hernach wird die nötige Fleischbrühe zugegossen und weiter gekocht, bis alle Körnchen durchsichtig sind, dann über 1—3 gerührte Eigelb angerichtet und gewürzt. Für 6—8 Personen.

16. **Tapiokasuppe.** Für 6 Personen wird 80—100 gr Tapioka in heiße (nicht kochende) Fleischbrühe eingerührt, 10 bis 15 Minuten gekocht, über Eigelb angerichtet und gewürzt.

17. **Gerstensuppe.** Für 10 Personen werden 150—200 gr Ulmergerste mit 2—3 l Wasser und dem nötigen Salz zum Feuer gebracht, nach Belieben $^1/_2$—1 kgr dürres Fleisch dazu gegeben und zugedeckt 2—3 Stunden auf nicht zu starkem Feuer gekocht. Hernach wird ein Stück frische Butter oder 1—2 Löffel Rahm in die Suppenschüssel gerührt, die Suppe darüber angerichtet und gewürzt und das Fleisch besonders verwendet.

18. **Griessuppe.** Für 6 Personen werden 5—7 Löffel

Weizengries in heiße Fleischbrühe sorgfältig eingerührt, 15 Minuten gekocht, über Rahm oder Eigelb angerichtet und gewürzt.

19. **Ribelisuppe.** 1 Ei, 1 Löffel kaltes Wasser und 2 starke Prisen Salz werden zusammen gut gemischt, dann so viel Mehl hinein gearbeitet, bis ein fester, trockener Teig entsteht. Dieser wird mit dem Wiegenmesser fein gehackt, wobei immer Mehl eingestreut werden muß, um das Zusammenkleben zu verhüten. Diese Ribeli lassen sich völlig trocknen und in Schachteln aufbewahren. Beim Gebrauch wird auf jede Person 1 Löffel voll Ribeli in kochende Fleischbrühe gerührt, 5 Minuten gekocht, angerichtet und gewürzt.

20. **Ribelisuppe (andere Art).** 4 Löffel voll Mehl, 1 Messerspitze Salz werden mit gerührtem Ei so lange bespritzt und gerührt, bis das Mehl zu kleinen Klümpli zusammengeballt und aufgebraucht ist; diese Klümpli werden in kochende Fleischbrühe gerührt, aufgekocht und gewürzt.

21. **Fidelisuppe.** Für 5 Personen werden 100—120 gr Fideli (Würmli, Sternli, Ringli) in kochende Fleischbrühe gelegt, 10 Minuten gekocht und gewürzt.

22. **Nudelnsuppe.** 2 Eier und 2 Messerspitzen Salz werden gut gerührt und so viel Mehl damit vermischt, bis der Teig gewirkt werden kann und nicht mehr an den Händen klebt. Dieser wird dann ganz dünn ausgewalzt, in handbreite Streifen geschnitten, welche mit Mehl bestreut aufeinander gelegt und quer in fadenfeine Nudeln geschnitten werden. Sie können getrocknet und aufbewahrt werden. Die weitere Behandlung wie bei Fidelisuppe.

23. **Maccaronisuppe.** Für 5 Personen werden 120 gr Maccaroni (von der feinen, dünnen Sorte) in kurze Stückli gebrochen, 10 Minuten in Fleischbrühe gekocht und gewürzt.

24. **Flädlisuppe.** 2 Löffel Mehl und 1 starke Messerspitze Salz werden mit Milch glatt gerührt, dann 2 Eier und noch so viel Milch damit vermischt, bis der Teig dünnflüssig ist. Hernach wird in einer flachen Pfanne nußgroß Butter heiß

gemacht, 1 Schöpflöffel Teig gleichmäßig hinein gegossen, so daß der Boden der Pfanne gut bedeckt ist. Die so entstehende Omlette wird auf beiden Seiten gebacken, auf einen Holzteller gelegt, in 4—5 cm breite Streifen und diese wieder quer in ganz feine Nudeln geschnitten. Hernach werden sie in die gewärmte Suppenschüssel gelegt, mit klarer Fleischbrühe übergossen und gewürzt. Statt zu Nudeln, können die Omletten auch in viereckige Stückli geschnitten werden. Für 6—8 Personen.

25. **Gebackene Traufsuppe.** 1 Löffel Mehl und 1 Prise Salz werden mit $1/2$ Tasse Milch glatt gerührt, dann 1 Ei damit vermischt und durch eine Schaumkelle in heiße schwimmende Butter gegossen. Die so entstehenden Klümpli werden gelb gebacken, gut abgetropft, in die gewärmte Suppenschüssel gelegt, mit klarer, heißer Fleischbrühe übergossen, gewürzt und bald serviert. Für 6 Personen.

26. **Einlaufsuppe von Weizenmehl.** Für 8 Personen werden 3 Löffel voll Mehl, 2 Eier, 1 starke Prise Salz mit Milch zu einem flüssigen Teig gemacht, durch eine Schaumkelle in kochende Fleischbrühe gegossen, aufgekocht und gewürzt.

27. **Einlaufsuppe von Bohnenmehl.** Für 8 Personen werden 4—5 Löffel Bohnenmehl mit Salz und Milch zu einem glatten Teig gerührt und wie oben behandelt, jedoch 10 Minuten gekocht und mit geriebenem Käse gemischt.

28. **Luftsuppe.** 50 gr Butter wird schaumig gerührt, 2 Eigelb, 2 Löffel Mehl, 2 Messerspitzen Salz und Milch werden damit gemischt, der Eierschnee darunter gemengt und der dünnflüssige Teig unter Umrühren in kochende Fleischbrühe gegossen, aufgekocht und gewürzt.

29. **Kräutersuppe.** 2 Hände voll Spinat, Mangold, Sellerie, Petersilie, Körbelkraut, Wirsing, Lauch, Zwiebelröhren, Sauerampfer werden sauber gewaschen, in schmale Streifchen geschnitten oder gehackt. Dann wird ein Löffel Butter heiß gemacht, die Kräuter werden darin gedünstet, 1 $1/2$ l Wasser dazu gegossen, gesalzen und langsam weich gekocht. Hernach

wird die noch nötige Fleischrühe oder heißes Wasser zugefügt, nochmals aufgekocht und über geröstete Brotwürfeli angerichtet. Für 4—6 Personen.

30. **Wurzelsuppe.** 2 Stück Erdäpfel, 2 Gelbrüben, 1 Sellerie, 1 Kohlrübe, 1 Pastinakwurzel werden sauber gewaschen, geschabt oder geschält und auf dem Rübenhobel in Streifchen geschnitten, dann wie die Kräutersuppe bereitet. Giebt man zu dieser Suppe noch je 150 gr Erbsen und Reis, so kann sie als alleinige Mahlzeit genügen.

31. **Erdäpfelsuppe.** 6 Stück mittelgroße Erdäpfel, 2 Gelb rüben und 2 Lauchstengel werden gereinigt, geschält und in Stücke geschnitten, dann mit 2 l gesalzenem Wasser weich gekocht, nach Belieben durch ein Sieb gestrichen, mit der noch nötigen Zugabe von Wasser oder Fleischbrühe aufgekocht, über 1—2 Löffel voll Rahm oder Brotwürfeli angerichtet und mit Zwiebelbutter abgeschmälzt. Für 8 Personen.

32. **Geriebene Erdäpfelsuppe,** 6—8 Stück gesottene kalte Erdäpfel werden geschält und am Reibeisen gerieben. Dann werden in einer Pfanne 1 Löffel Butter heiß gemacht, eine gehackte Zwiebel und die Erdäpfel darin gedünstet, das nötige gesalzene Wasser oder Fleischbrühe dazu gegossen, 5—10 Minuten gekocht und über ein wenig Rahm angerichtet.

33. **Gemüsesuppe.** Von gekochtem, übrig gebliebenem Gemüse, z. B.: Erdäpfeln, Rübli, Köhl, Spinat, Rösli- oder Blumenköhl, Bohnen oder Zuckererbsen wird ein Teller in ½ l gesalzenes Wasser gelegt, erhitzt, dann durch ein Sieb gestrichen. Hernach wird ein Löffel Butter erhitzt, 1—2 Löffel Mehl darin gelb geröstet, mit Suppenwasser oder Fleischbrühe aufgelöst, das Durchgetriebene darin aufgekocht und über Brotwürfeli angerichtet. Für 6—8 Personen.

34. **Bohnensuppe.** ½ kgr dürre, gewöhnliche Stangen- oder Buschbohnen werden gewaschen in weiches Wasser gelegt, mit dem gleichen Wasser, dem nötigen Salz und einem Stück dürrem Fleisch zum Feuer gebracht, ein Büschel grünes Gewürz zugefügt und in 2—3 Stunden weich gekocht. Das Fleisch

wird dann heraus genommen, nach Belieben 2—3 Löffel voll Brannmehl mit der Suppe vermischt und gewürzt. Für 10 Personen.

35. **Erbsensuppe, durchgetriebene.** 1/4 kgr Erbsen (gelbe, weiße oder grüne Linsen) werden schnell gewaschen, in weiches Wasser gelegt, mit dem gleichen Wasser, dem nötigen Salz, nach Belieben einer Hand voll Reis und einem Büschel grünem Gewürz zum Feuer gebracht und zugedeckt während 1—2 Stunden weich gekocht. Hernach wird das grüne Büschel entfernt, die Erbsen werden durch ein Sieb getrieben, damit die Schalen zurück bleiben, dann noch einmal mit der nötigen Fleischbrühe oder Wasser aufgekocht, über ein wenig Rahm und Brotwürfeli angerichtet und gewürzt.

36. **Geröstete Bohnenmehlsuppe.** Für 6 Personen werden 5—7 Löffel Bohnenmehl in Butter gelbbraun geröstet, mit dem nötigen kalten, gesalzenen Wasser oder Fleischbrühe 10 bis 15 Minuten gekocht, über ein wenig Rahm angerichtet und gewürzt. Man kann auch nur die Hälfte Bohnenmehl und die Hälfte Weizenmehl verwenden; immer muß aber die Bohnenmehlsuppe länger als gewöhnliche Mehlsuppe gekocht werden, damit sich der scharfe Geschmack dadurch verliert oder vermindert.

37. **Suppe von übrig gebliebenen, gesalzenen Speisen.** Uebrig gebliebene Späzli, Maccaroni, Nudeln, Pflutten oder Eierhaber werden mit dem Wiegenmesser gehackt, in Fleischbrühe einmal aufgekocht und gewürzt.

38. **Paniermehlsuppe.** Auf 6 Personen werden 5 bis 7 Löffel Paniermehl oder gedörrtes und geriebenes Brot in Butter hellbraun geröstet, das nötige gesalzene Wasser oder Fleischbrühe dazu gegossen, 1/4 Stunde gekocht, über ein wenig Rahm angerichtet und gewürzt.

39. **Gesottene Brotsuppe.** 1 Teller recht krustige Brottünkli werden in die Suppenschüssel gelegt, mit 2 l kochendem Wasser übergossen und zugedeckt. Dann werden in der Pfanne ein starker Löffel Butter heiß gemacht, 5 Löffel geriebene Brotkrume damit gelb geröstet, das angebrühte Brot mit dem Wasser

dazu geschüttet, gesalzen und gekocht, bis die Suppe kräftig ist. Hernach über ein wenig Rahm oder Eigelb angerichtet und gewürzt. Für 6 Personen.

40. **Zwiebelsuppe.** 1 Teller Brottünkli werden mit dem nötigen heißen Wasser angebrüht. Dann werden zwei geschnittene oder gehackte Zwiebeln in Butter gelb geröstet, 1—2 Löffel Braunmehl damit umgerührt, das Brot mit dem Wasser dazu geschüttet, gesalzen und gekocht, bis sie kräftig ist. Für 6 Personen.

41. **Kümmelsuppe.** 1 Teller voll Brot wird wie oben angebrüht, dann 1 Löffel Butter heiß gemacht, ½ Kaffeelöffeli voll Kümmel und 2 Löffel voll Mehl darin hellbraun geröstet, das Wasser mit Brot dazu gegeben, gewürzt und kräftig gekocht.

42. **Durchgetriebene Brotsuppe.** 1 Teller krustige Brottünkli werden mit 2 l kochendem Wasser übergossen und zugedeckt ¼ Stunde an die Wärme gestellt, dann durch ein Sieb getrieben. Hernach werden 1 Löffel Butter heiß gemacht, 1 kleine, feine, gehackte Zwiebel und 2 Löffel voll Mehl darin gedünstet, das Durchgetriebene mit dem noch nötigen heißen Wasser hinein gegeben, gewürzt, einmal aufgekocht und über ein wenig Rahm angerichtet. Auch übrige Brotsuppe kann in der Weise verwendet werden. Für 6 Personen.

43. **Haberkernsuppe.** Für 6 Personen werden 150 gr ganze Haberkerne in Butter geröstet, das nötige gesalzene Wasser zu gegossen und 1 Stunde gekocht. Hernach werden einige Löffel voll Braunmehl zugefügt und die Suppe angerichtet und gewürzt. Man kann die sehr weich gekochten Kerne auch durch ein Sieb treiben und noch einmal aufkochen.

Grünkerne werden ebenso zu Suppe verwendet.

44. **Habergriessuppe.** Für 6 Personen werden 4 bis 6 Löffel Habergries in heißer Butter gelb geröstet, das nötige gesalzene Wasser dazu gegossen und bis 1 Stunde gekocht. Hernach wird die Suppe nach Belieben über feingeschnittenes Brot oder ein wenig Rahm angerichtet und gewürzt. Man

kann auch vor dem Anrichten 1—2 Löffel Braunmehl mit der Suppe mischen und sie nochmals aufkochen.

45. **Habergriessuppe anderer Art.** $1/2$ Tasse Habergries wird mit Milch übergossen und einige Stunden stehen gelassen. Wenn dasselbe aufgequellt ist, werden das nötige Wasser oder die Hälfte Milch und ein Stückli Butter und Salz dazugegeben und zusammen $1/2$ Stunde gekocht. Für Arbeiter soll diese Suppe ebenfalls über Brot angerichtet oder mit Braunmehl gemischt werden. Obige beide Suppen können auch von Haberkernen bereitet, müssen aber dann länger gekocht werden.

46. **Geröstete Griessuppe.** 6 Löffel Weizengries werden in Butter sorgfältig gelb geröstet, das nötige gesalzene Wasser oder Fleischbrühe dazu gegossen, $1/4$ Stunde gekocht und über ein wenig Rahm angerichtet.

47. **Geröstete Gerstensuppe.** 6 Löffel gerollte Gerste wird in Butter gelb geröstet und mit dem nötigen gesalzenen Wasser 1—$1\frac{1}{2}$ Stunde gekocht. Nach Belieben kann auch ein Stück Fleisch mitgesotten werden.

48. **Gerstenschleim.** $1/8$ kgr Gerste wird in ganz wenig heißer Butter gelb geröstet, 2 l warmes, gesalzenes Wasser zugegossen, nach Belieben eine Brotrinde hinein gelegt und 2—3 Stunden gekocht; wenn nötig, wird noch mehr Wasser nachgegossen. Die Brühe wird dann durch ein Sieb gegossen, je nach Umständen mit ein wenig Wein und Zucker gemischt und frisch genossen.

49. **Reisschleim** wird in gleicher Weise bearbeitet, jedoch nicht geröstet, und mit kaltem Wasser zum Feuer gebracht.

50. **Gebrannte Mehlsuppe.** In einer tiefen Eisenpfanne mit gutem Boden wird 1 großer Löffel voll Butter heiß gemacht. 6 Löffel Mehl werden darin gleichmäßig hellbraun geröstet, das nötige kalte Wasser dazu gegossen, gesalzen und einmal aufgekocht. Hernach wird die Suppe über Brotwürfeli oder ein wenig Rahm angerichtet und gewürzt. Suppe von Schrotmehl muß mindestens $1/4$ Stunde kochen. Für 5—6 Personen.

51. **Eingerührte Mehlsuppe.** 2 l gesalzenes Wasser wird heiß aber nicht kochend gemacht; dann werden 4–7 Löffel Braunmehl hinein gerührt, so daß es keine Klumpen giebt, dann einmal aufgekocht und angerichtet wie oben. Für 5–6 Personen. ½ Teller voll übrige geröstete Erdäpfel darin, ist sehr schmackhaft.

52. **Gewöhnliche Wassersuppe.** In einer Pfanne wird ein Löffel Butter heiß gemacht, 1 Hand voll geriebene Brotkrume oder 1 gehackte Zwiebel darin gelb geröstet, mit 2 l gesalzenem Wasser aufgekocht, über fein geschnittene Brottünkli angerichtet und gewürzt.

53. **Buttersuppe.** 1 Teller voll kräftiges Brot, 50 bis 70 gr frische Butter, 1½ l kaltes Wasser und das nötige Salz werden zusammen zum Feuer gebracht und gekocht, bis die Suppe kräftig ist. Hernach wird sie über Rahm oder Eigelb angerichtet und gewürzt. Für 4–5 Personen.

54. **Brotschnittensuppe.** Auf jede Person werden 1 bis 2 dünne Brotscheiben in heißer Butter oder auf dem Roste gebäht, in die Suppenschüssel gelegt, mit klarer, kochender Fleischbrühe oder Milch übergossen und gewürzt, dann sofort serviert.

55. **Milchsuppe mit Brösmeli.** In einer Pfanne werden 40–50 gr frische Butter zerlassen, 4–5 Löffel voll geriebene Brotkrume darin sorgfältig gelb geröstet, 1¼ l Milch und 1 Prise Salz zugefügt, 1 mal aufgekocht und nach Belieben mit Schnittlauch gewürzt.

56. **Gewöhnliche Milchsuppe.** 1 l Milch und nach Belieben ½ l Wasser werden mit 1 starker Prise Salz kochend gemacht, über fein geschnittene Brottünkli angerichtet und gewürzt. Man kann auch 2–3 Löffel voll Braunmehl mit der Milch aufkochen und 1 Stück Butter zufügen.

57. **Süße Milchsuppe.** In 2 l Milch werden je nach Geschmack ein Stück Zimmet, Zitrone oder Vanille aufgekocht, 1 Prise Salz und 2–3 Löffel Zucker zugefügt. In der Suppenschüssel werden ein Stück Butter und 2–3 Eigelb zusammen

gerührt, mit ein paar Löffeln Milch verdünnt, dann die kochende Milch dazu gegossen und 1 kleine Untertasse voll gebähte Brotschnitten oder Würfeli hinein gegeben und sofort serviert.

58. **Chokoladesuppe.** 125 gr geriebene Chokolade wird in der Pfanne auf dem Feuer mit 1 Tasse Wasser glatt gerührt, 2 l Milch dazu gegossen, nach Belieben Zucker zugefügt, einmal aufgekocht und wie oben über Eigelb und gebähtes Brot angerichtet.

59. **Obstsuppe.** $\frac{1}{2}$ kgr ausgesteinte Kirschen, Zwetschgen, geschälte Aepfel oder Birnenstückli, Heidelbeeren rc. werden mit 1 l Wasser, dem nötigen Zucker, nach Belieben Zimmet oder Zitronenschale zum Feuer gebracht, breiweich gekocht und hernach durch ein Sieb getrieben. Das Durchgetriebene wird dann mit noch 1 l Wasser oder Milch nochmals aufgekocht, über 1—3 Eier und gebähte Brotschnitten angerichtet und bald serviert. Wer es liebt, kann die gequetschten Steine der Kirschen oder Zwetschgen in einem Beutelchen mitkochen.

60. **Obstklößchen in Suppe.** Eine Tasse voll zubereitetes Obst wird mit wenig Wasser weich gekocht und durchgetrieben. Dann werden 2—4 Löffel Brotkrume, 1—3 Eier, nach Belieben Zucker und 1 Prise Zimmet darunter gemischt. Hernach werden 1 l Wein oder Most und $\frac{1}{2}$—1 l Wasser mit dem nötigen Zucker heiß gemacht, mit einem Kaffeelöffeli von der Obstmasse Klößli hinein gelegt, einige Mal aufgekocht, angerichtet und kalt mit gebähtem Brot oder Zwieback serviert.

61. **Weinsuppe.** In einer Pfanne wird ein Stück Butter heiß gemacht, 2 Löffel voll Mehl werden darin lichtgelb geröstet, $\frac{1}{2}$ l Wasser und 1 l Wein dazu gegossen, nach Bedarf Zucker, 1 Stück Zimmet und 3—5 Gewürznelken damit aufgekocht und über 2—3 gerührte Eigelb angerichtet und mit gebähtem Brot serviert. Für 5—6 Personen.

Krankensuppen.

Die Krankensuppen sind nur für je eine Person berechnet. Es müssen diese kleinen Portionen auch nur in kleinen Geschirren gekocht werden, wenn das angegebene Maß gültig sein soll. Kleine Portionen in großen Töpfen gekocht, werden selten gut und können den Zweck schwerlich erreichen. Bei Bereitung von Krankenspeisen ist aber Gewissenhaftigkeit höchst notwendig.

62. **Fleischbrühe in der Büchse gekocht.** $1/4$ kgr mageres Ochsen- oder Kuhfleisch (Schenkelstück) wird in ganz kleine Würfel geschnitten, in ein Glas oder eine Büchse mit aufgeschraubtem Deckel gebracht, 1 l kaltes Wasser und eine kleine Prise Natron werden zugefügt, der Deckel locker aufgeschraubt, die Büchse in warmes Wasser gestellt und so mehrere Stunden gekocht. Die Brühe wird dann durch ein Sieb gegossen, rein abgefettet, am besten mit Löschpapier, und warm oder kalt, mit Ei und Salz gemischt dem Kranken serviert.

63. **Suppe von rohem, geschabtem Fleisch.** 70 gr roher Rindfleischmuskel vom Filet oder Schwanzstück wird mit einem starken Löffel geschabt, mit einem Eigelb gut gemischt, eine Tasse voll heiße Fleischbrühe darüber gegossen und sofort serviert. Langes Stehen macht die Suppe schlecht, sie müßte wieder durchpassiert und ohne Fleisch genossen werden.

64. **Fleischbrühe kalt bereitet.** 125 gr frisches, mageres Rindfleisch wird roh gehackt oder geschabt, mit einer Prise Salz, 2 Tropfen Salzsäure und einem Liter kaltem, weichem Wasser in einen irdenen Topf gebracht und zugedeckt 2 Stunden stehen gelassen, hernach durch ein reines ausgespültes Tuch gegossen und löffelweise gereicht. Diese Brühe wird vom schwächsten Magen vertragen und ist sehr kräftigend.

65. **Taubensuppe.** Eine alte Taube wird gut gereinigt, die Brust heraus geschnitten, Flügel, Kopf, Gerippe klein gehackt, mit $3/4$ l kaltem Wasser und einigen Suppenwurzeln zum Feuer gebracht und langsam weich gekocht. Dann werden 20 gr feine Suppengerste oder Hafergries, eine Prise Salz mit ganz wenig Wasser zum Feuer gesetzt, wenn heiß, das Wasser abgegossen, die Taubenbrühe und die Brust zugefügt und auf schwachem Feuer weich gedämpft. Beim Anrichten kann das

Fleisch, in ganz kleine Stücke geschnitten, in die Suppe gelegt werden.

66. **Brodsuppe.** 50 gr geriebenes und trocken geröstetes Brot (Paniermehl) wird mit einem Glas Wasser übergossen und 1 Stunde seitwärts auf dem warmen Herd stehen gelassen. Hernach wird eine Tasse heiße Milch dazu gegossen, eine Prise Salz und ein Eigelb damit vermischt, nach Belieben durch ein Sieb gegossen und verwendet.

67. **Mandelmilchsuppe.** 20 gr Mandeln werden mit kochendem Wasser übergossen und zugedeckt. Nach 5 Minuten lassen sich die Schalen abziehen. Die Mandeln werden dann im Mörser oder mit einer Keule fein gerieben, heiße Milch dazu gegossen und bedeckt eine Stunde stehen gelassen. Diese Milch wird nachher durch ein feines Sieb oder Tuch gegossen, mit einem Eigelb, dem nötigen Salz oder Butter und dem steifen Eierschnee gemischt und warm oder kalt gereicht.

68. **Rotweinsuppe.** 1 Glas Wasser wird mit einer Gewürznelke, einem Stückli Zimmet und einem Kaffeelöffel voll Zucker aufgekocht und ein halbes Glas Rotwein dazu gegossen; dann wird ein Kaffeelöffeli voll Kartoffelmehl mit einem halben Glas Rotwein gemischt und ebenfalls in die Pfanne gegossen. So wird die Brühe einige Mal aufgekocht, nach Belieben mehr versüßt und durch ein Sieb über Zwieback angerichtet.

Fleischspeisen.

Fleisch macht Fleisch, sagt ein altes Sprichwort. Gesundes Fleisch ist wirklich ein ausgezeichnetes, aber auch ein kostbares Nahrungsmittel und wohl wert, daß die größte Sorgfalt auf dessen Zubereitung gelegt werde. Die Fleischspeisen sind für den menschlichen Körper nur zuträglich, wenn sie nicht ohne Fett und mit Pflanzenstoffen genossen werden. Viel Fleischgenuß bei wenig Arbeitsleistung macht den Körper nach und nach krank, weil sich ein Uebermaß von Stickstoff darin ablagert, der nicht ausgenützt wird. Die Fleischkost zu entbehren und nur von Pflanzenkost sich zu nähren, ist ebenfalls nicht ratsam, weil unser Verdauungsapparat für eine gemischte Nahrung eingerichtet und der Magen für die Dauer nicht so große Mengen Pflanzenstoffe verarbeiten kann, als nötig sind, um dem Körper hinreichend Stickstoff zuzuführen. Wir sind also schon von Natur aus darauf angewiesen, unser Nahrungsbedürfnis mit tierischer und pflanzlicher Kost zu befriedigen. Wer gutes Fleisch haben will, welches nahrhaft, wohlschmeckend und verdaulich ist, muß die Eigenschaften schon beim Einkauf kennen. Nicht alle Stücke des Tieres haben den gleichen Wohlgeschmack und die gleiche Nahrhaftigkeit. Der hauptsächlichste Nährstoff liegt als Eiweiß in und zwischen den roten Fleischmuskeln, und es sind deshalb auch diejenigen Stücke des Tieres die wertvollsten, welche am meisten dieser Muskeln aufweisen. Ein solches Fleischstück bekommt aber nicht den gleichen Geschmack, ob gebraten oder gesotten. Ist das Fleisch zu Braten bestimmt, so wählt man beim Rind rote Muskelstücke, von Schoß oder Nierstück, Stotzen oder Schwanzstück und setzt das daran fehlende Fett als Butter oder Speck zu (Spicken). Wer Siedefleisch oder solches zum Dämpfen braucht, wählt von den vordern und untern Partien des Tieres, von Hohrücken, Laffe, Brustkern, Hals, Schilt, Bauchstück, welche mehr oder weniger mit Fett, Sehnen, Häuten und Muskeln durchwachsen sind. Die Teile gegen die Füße hin (Schenkel) und gegen den Kopf (Halsstück) enthalten viel Leimstoffe, welche sich nur in feuchter Hitze, also in Brühe und Dampf, auflösen; in trockener Ofenhitze würden sie sich als hornartige Masse zusammenziehen und schwer wieder aufzulösen sein.

Aus der einen der nachfolgenden Abbildungen sehen wir die Reihenfolge der Fleischstücke nach ihrem Nährwerte, bei 1 beginnend, welches den größten Nährwert hat. Die zweite Abbildung zeigt zum bessern Verständnis der Kochrezepte die Benennung der einzelnen Fleischstücke, wie sie in der Schweiz gebräuchlich ist.

Das nahrhafteste Fleisch liefern gut gemästete Rinder und Ochsen; dann folgt dasjenige gesunder Schafe, von Haarwild, Geflügel, Schweinefleisch und Kalbfleisch. Die Art der Ernährung und Behandlung hat natürlich auch auf die Fleischbildung der Tiere großen Einfluß. Gehetzte und gequälte Tiere geben viel weniger saftiges Fleisch. Krankes Fleisch hat ein verändertes Ansehen, ist naß, schleimig, oft schon übelriechend und sollte nicht angekauft werden, oder nur dann, wenn ein amtliches Gutachten vorgewiesen werden kann, daß das Fleisch für die Gesundheit unschädlich ist.

Gesundes Schaffleisch hat dunklere Muskelfarbe als Rindfleisch, aber auch weißes Fett. Kalbfleisch hat lichtrote Farbe und weißes Fett; dasselbe Aussehen hat auch frisches Schweinefleisch.

Alles Wildfleisch sieht dunkelrot aus, weil im Freien lebende Tiere durch viel Bewegung blutreichere Muskeln bekommen. Geflügel sollte stets nur jung gekauft werden. Tiere mit schlanken, nicht dickbauchigem Körper, langen, nicht abgenützten Krallen, weicher Haut, leicht ausziehbaren Federn und rotem, nicht starkem Kamm, sind jung.

Fische müssen frisch, deren Fleisch fest sein, d. h. ein Fingereindruck darf nicht bleiben; die Augen dürfen nicht tief liegen, und die Kiemen müssen hübsch rot sein. Muß man frisches Fleisch einige Tage aufbewahren, so soll es derart in kühlem luftigem Raum aufgehängt werden, daß es nirgends eine Wand berührt; besser ist es, dasselbe auf Eis zu legen. Durch Einbeizen mit Salz, Salpeter 2c., verliert das Fleisch immer einen Teil seines Nährgehaltes, weil das Salz die Muskelfasern zusammenzieht und so den Saft auspreßt. Die entstehende Lacke ist reiner Fleischsaft. Um den Nährwert zu erhalten, hauptsächlich wenn das Fleisch zum Räuchern bestimmt ist, sollte dasselbe gleich nach dem Erkalten besonders den Knochen nach tüchtig mit Salz eingerieben werden und so in den Rauch in gehöriger Entfernung, wenigstens 3 Meter vom Herdfeuer, gehängt werden. In diesem Falle ist gut, wenn die

Stücke nicht zu dick geschnitten werden, damit das Salz sie durchdringen kann. Der Rauch darf nur von Holzfeuer kommen, weil Kohlenrauch dem Fleisch einen schlechten Geschmack mitteilt. Das Fleisch bedarf je nach Größe der Stücke 2—4 Wochen zur gehörigen Durchräucherung und kann nachher am besten zwischen Holzasche in einer Kiste oder in einem Faß eingeschichtet werden, wo es nicht nur von allem Ungeziefer verschont bleibt, sondern auch im Geschmack besser wird.

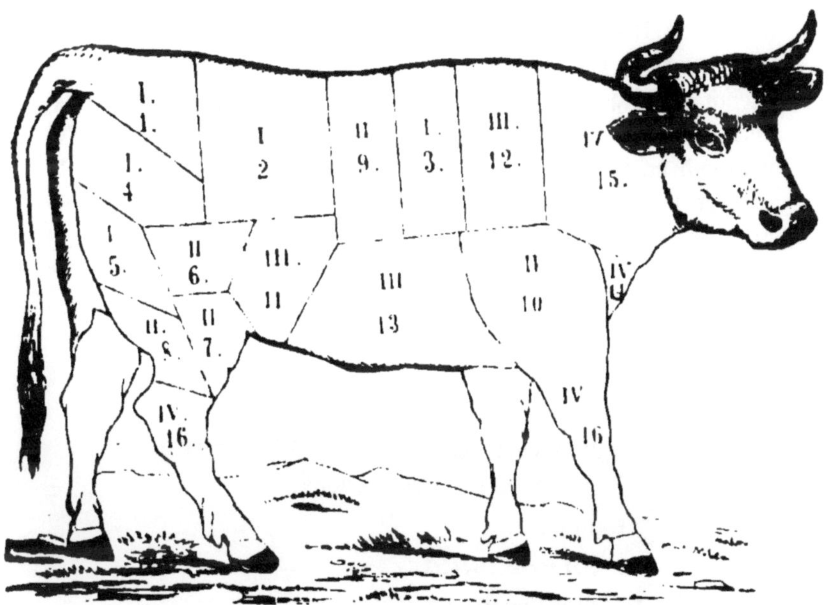

Zerlegung eines Ochsen nach englischer Manier (siehe Seite 66).

Annähernde Einteilung und Preise des Ochsenfleisches nach englischer Verkaufsweise.

I. Klasse per Pfund (½ Kg.)		II. Klasse per Pfund.	
1. Schwanzstück . . .	Fr. 1.20	6. Oberweiche	90 Rp.
2. Lendenbraten	„ 1.20	7. Unterweiche	80 „
3. Vorderrippe	„ 1.10	8. Wadenstück	80 „
4. Hüftenstück	„ 1.—	9. Mittelrippenstück . . .	70 „
5. Hinterschenkelstück . .	„ 1.—	10. Oberarmstück	70 „

III. Klasse per Pfund.			IV. Klasse per Pfund.	
11. Flankenstück	60 Rp.		15. Hals	40 Rp.
12. Schulterblatt	60 „		16. Beine	25 „
13. Brustkern	50 „		Kopf	— „
14. Wamme	40 „			

Die obigen Preise sind nach dem Nährwert der einzelnen Fleischteile berechnet und zeigen uns, wie ungerecht es ist, fast für alle gleich viel zu fordern. Freilich macht man auch bei uns einen kleinen Preisunterschied, der aber den thatsächlichen Verhältnissen bei weitem nicht entspricht. Würde man das Fleisch in obiger Weise nach seinem Werte bezahlen, so könnte auch der Arbeiter täglich seine Portion auf dem Tische haben, während er jetzt sein Stücklein, das er nicht auswählen kann, weil er nur selten beim Metzger erscheint, so teuer bezahlen muß, wie derjenige, welcher die bessern Partien erhält.

Zerlegung eines Ochsen nach Schweizerart.

(Siehe nachfolgende Seite.)

I. Kopf.

II. Vorderer Viertel.

III. Hinterer Viertel.

Nr. 1. Hals, a) magerer, b) fetter (Stichstück).
„ 2. Hohrücken, a) abgedeckter (Bug), b) gedeckter.
„ 3. Nierstück, a) Roastbeef, b) Romsteek.
„ 4. Schiltriemen (Sträl, Ripp-, Federstück).
„ 5. Brust, a) Brustkern, b) weiche Brust.
„ 6. Bauchlempen.
„ 7. Stotzen (extra Figur) (Schwanzfeder).
„ 8. Schenkel (Maus).
„ 9. Füße.
„ 10. Laffe (Schufle) a), b).

III.
II.
I.
2.
3.
4.
5
6.
7.
8.
9.
a

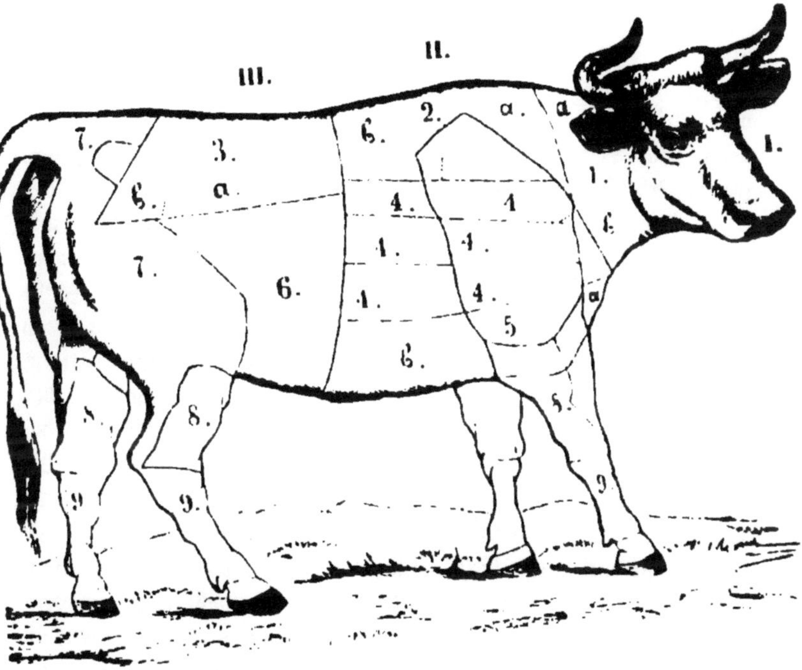

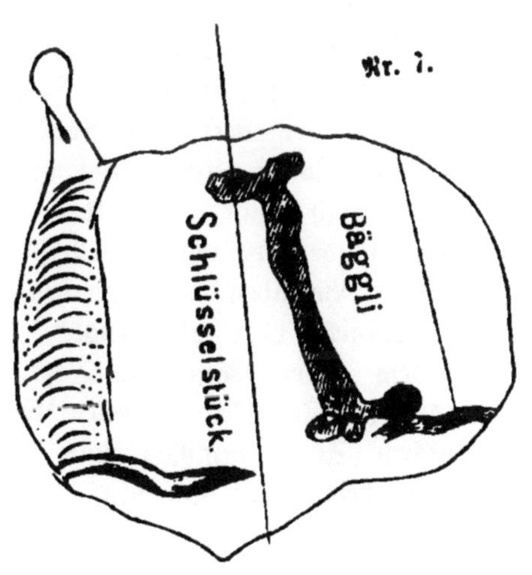

Nr. 7.

Schlüsselstück.
Bäggli

Das Fleischkochen.

Um richtig Fleisch kochen zu können, ist nötig, daß wir den Zustand und die Art der verschiedenen Fleischstücke kennen, sowie die Veränderungen, die beim Kochen vor sich gehen. Gutes Rindfleisch erhält man von richtig genährten, nicht über 5—6 Jahre alten Tieren. Vom Rind oder Ochsen wählen wir gewöhnlich zum Sieden Hohrücken, Laffe, Schilt, Hals- oder Bruststück. Das Fleisch soll eine hübsch purpurrote Farbe haben und mit weißem Fett durchwachsen sein. Gleich nach dem Schlachten das Fleisch zu kochen, ist gar nicht ratsam. Die Fleischstücke müssen immer wenigstens zwei Tage an der Luft gehangen haben, damit der Sauerstoff derselben die Gewebefasern des Fleisches durchdringt und dieselben lockert. Die Fasern solch mürben Fleisches lassen sich zwischen den Fingern zerreiben, was bei frisch geschlachtetem nie geschehen kann. Ist das Fleischstück ungeschickt geschnitten oder auseinander gerissen, so muß dasselbe mit Bindfaden zusammengebunden werden, damit es nicht zu viel Saft einbüßt und nachher ordentlich zerlegt werden kann. Gewaschen darf das Fleisch nur werden, wenn es ganz unappetitlich aussieht, und auch dann ist es bloß schnell unter die Brunnenröhre zu halten oder mit einem Guß Wasser abzuschwenken. Legt man das Fleisch länger ins kalte Wasser, so löst sich der wertvollste Nährstoff (Eiweiß) darin auf und geht ins Wasser über. Aus dem gleichen Grunde darf das Fleisch auch nicht mit kaltem Wasser zum Feuer gebracht werden, sondern es muß das Wasser schon vorher heiß und gesalzen sein. Beigaben von Knochen, Kopf- und Fußstücken (sog. „Ziegel" oder „Ungends") können und sollen dagegen mit dem kalten Wasser aufgesetzt werden, weil wir davon nur den kleinsten Teil genießen können und sich die darin befindlichen Stoffe auflösen und der Brühe mitteilen sollen. So behandelt, wird sich auf der Suppenbrühe auch nicht viel Schaum zeigen, weil ein Teil des Eiweißes sofort nach dem Einlegen des Fleisches ins heiße Wasser auf der

Oberfläche gerinnt; aus dem roten Fleischstück ist dadurch ein weißliches geworden. Der Schaum (welcher aus Eiweiß besteht) soll nie abgeschöpft werden; er löst sich durch längeres Kochen wieder auf und macht die Suppe kräftig. Damit die grau gewordenen Flocken zurückbleiben, wird die Suppe am besten durch ein Sieb angerichtet.

Will man Kabis, Rübli oder grünes Gewürz mitkochen, so tut man gut, diese Beigaben in einem Netz von Bindfaden in den Topf zu hängen und nachher noch in die Suppenschüssel oder als Gemüse zu verwenden. Beim Zerschneiden von richtig gekochtem Fleische wird man einen kräftigen Saft herausperlen sehen; unrichtig gekochtes ist dagegen trocken und schwer verdaulich. Nach dem Anrichten sollte immer ein wenig fein geriebenes Salz über das Fleisch gestreut werden.

Wenn das Fleisch zur Bereitung von Kraftbrühe dienen soll, so ist es am besten, dasselbe so klein wie möglich zu schneiden und die Knochen in kleine Stücke zu zerschlagen, dieselben mit kaltem Wasser zum Feuer zu bringen, nach Belieben zu würzen und 2–3 Stunden gut durchzukochen. Das Fleisch hat dann aber seinen Nährwert ganz verloren und an die Brühe abgegeben. Gelenkknochen können zweimal ausgekocht werden, da ein 2–3 stündiges Kochen noch nicht alle Nährstoffe darin auflöst.

69. **Rindfleisch an weißer Sauce.** 1 1/2 kgr Rindfleisch wird im Suppentopf halbweich gesotten. Dann wird in einer Pfanne ein Stück Butter und ein Löffel Mehl zusammengedünstet, eine Tasse Fleischbrühe, 1/2 Glas Weißwein, eine kleine mit Nelken gespickte Zwiebel, eine Gelbrübe, ein Lorbeerblatt zugefügt, das Fleisch darin weich gekocht und wenn nötig noch Fleischbrühe nachgegossen. Beim Anrichten wird die dicklich eingekochte Sauce durch ein Sieb über das Fleisch gegossen.

70. **Rindfleisch mit Tomatensauce.** 1 1/2 kgr Rindfleisch wird wie oben halb weich gesotten. Dann werden in einer Pfanne ein Stück Butter heiß gemacht, 1 Löffel voll Mehl darin schön gelb geröstet, 1/2 l Fleischbrühe, 4 Stück schön reife,

in Stücke gerissene Tomaten, das nötige Salz und eine Prise Pfeffer zugefügt, das Fleisch darin weich gekocht und die dickliche Sauce durch ein Sieb über das schön angerichtete Fleisch gegossen.

71. **Rindszunge an brauner Sauce.** Eine Rindszunge wird in kochendes Wasser oder Fleischbrühe gebracht und gesotten, bis sich die Haut abziehen läßt. Dann werden in einer Pfanne 50 gr Butter oder Speck heiß gemacht, 2 Löffel Mehl und ein kleines Stückli Zucker darin braun geröstet und eine gehackte Zwiebel noch mitgedünstet. Nachher wird mit ¼ Glas Wein oder Essig und einer Tasse Fleischbrühe aufgelöst, einige zerdrückte Pfefferkörner, 1 Lorbeerblatt, 1 Büscheli Zitronenkraut, 1 Löffel voll geriebene Brotrinde (Paniermehl) werden zugefügt und die Sauce gekocht, bis sie kräftig ist. Hernach wird sie in eine andere Pfanne durchpassiert und die Zunge ganz oder in Scheiben geschnitten nochmals darin heiß gemacht.

72. **Rindszunge an weißer Sauce.** Eine Rindszunge wird für 2—3 Tage in die Salzbeize gelegt, weich gekocht und abgeschält. Dann werden in einer Messing oder gut verzinnten Pfanne 60 gr frische Butter und 2 kleine Löffel voll Mehl zusammen schön glatt gedünstet und mit einem halben Glas Weißwein und 2 kleinen Tassen Fleischbrühe aufgelöst. Hernach werden 1 Lorbeerblatt, eine Prise weißer Pfeffer, das nötige Salz, 1 Kaffeelöffeli voll Kapern (auch Kapuzinerkressesamen) und ein Stück Zitronenschale oder Saft zugefügt, die Sauce kräftig gekocht, vor dem Anrichten mit 1—2 Eigelb gemischt und über die schön angerichtete Zunge gegossen oder extra dazu serviert.

73. **Ueberzogenes Rindfleisch.** Für 6 Personen wird 1 ½ kgr Rindfleisch vom Stotzen oder Nierstück mürbe geklopft, nach Belieben mit Speckstreifchen gespickt und im Suppentopf halbweich gesotten. Dann wird es herausgezogen, in eine Bratpfanne gelegt und mit feinem Salz bestreut. Hierauf werden in einer trockenen Pfanne 2 Löffel voll Mehl, 2 Eigelb, eine große Tasse Milch, eine Prise Salz, ein wenig Muskatnuß

und nach Belieben 2 Löffel geriebener Käse zusammen gut gemischt und auf dem Feuer zu einem dicklichen Brei gerührt. Dieser wird über das Fleisch gestrichen, noch mit Paniermehl bestreut und das Ganze im heißen Ofen gelb gebacken. Dazu wird etwas Fleischbrühe zugegossen und das Fleisch so lange gebraten, bis es schön weich ist. Können 1–2 zerissene Tomaten beigegeben werden, so wird die Sauce besonders gut.

74. **Gedämpftes Rindfleisch.** 2 kgr Rindfleisch von beliebigem Stück, am besten vom Hohrücken, wird in Stückli oder Scheiben geschnitten, dann werden in einem passenden Topf ein wenig Fett (auch vom Fleisch abgeschnittenes) heiß gemacht, die Fleischstückli hinein gegeben, Salz, Pfeffer, gehackte Zwiebeln und ein wenig Mehl dazwischen gestreut. Der Topf wird dann ganz fest geschlossen und auf mäßiges Feuer oder in den Ofen gestellt. Kochzeit 1–2 Stunden.

75. **Gedämpftes Rindfleisch mit Gemüse.** Wie oben vorbereitetes Rindfleisch wird lagenweise in den Topf geschichtet, dazwischen gehobelter Kabis, Kohlraben oder Weißrüben gebracht und fest zugedeckt 1–2 Stunden gedämpft. Wasserzusatz ist nicht nötig. Sehr kräftig.

76. **Gulasch, gedämpft.** 1 kgr Rindfleisch und ½ kgr mageres Schweinefleisch werden in 2–3 cm große Würfel geschnitten, dann in einem passenden Topf ein wenig Fett heiß gemacht, das Fleisch hinein gegeben, das nötige Salz, eine Messerspitze voll Pfeffer, ein wenig gestoßener Kümmel, ein wenig Mehl, eine gehackte Zwiebel dazwischen gestreut, ein Spitzgläschen Rum und ½ Glas Rotwein dazu gegossen und fest zugedeckt auf mäßigem Feuer weich gedämpft.

77. **Gulasch mit Erdäpfeln.** ½ kgr Filet wird abgehäutet und in ganz kleine Stücke geschnitten. Dann wird in einer Pfanne ein Stück Butter heiß gemacht, eine gehackte Chalotte darin gedünstet, das Fleisch auf lebhaftem Feuer schnell darin geröstet, gewürzt und in einem warmen Geschirr zugedeckt auf die warme Herdplatte gestellt. Im zurückgebliebenen Fett wird ein wenig Fleischbrühe heiß gemacht, gesottene und in Stückli

geschnittene Erdäpfel schnell darin aufgekocht, die Pfanne vom Feuer gezogen, das Fleisch, eine Prise Cayennepfeffer, Salz, gehackte Petersilie damit vermischt und auf warmer Platte gleich zu Tisch gebracht.

78. **Rindsbraten, gespickt.** 2 kgr Rindfleisch vom Stotzen (das sogen. Eck) wird sorgfältig mürbe geklopft, mit Speckstreifchen gespickt und schwach gesalzen; hernach wird es auf Speckscheiben in die Bratpfanne gelegt, eine verschnittene Zwiebel und nach Belieben Zitronenschale sowie ein Glas warmes Wasser zugefügt und zugedeckt auf mäßigem Feuer oder im Ofen 2–3 Stunden gebraten. Wenn die Brühe eingedämpft ist, muß jedesmal wieder ein wenig heißes Wasser nachgegossen werden.

79. **Roastbeef.** 2 kgr Schoßstück wird von den Knochen befreit, mit einem Tuch abgewischt, mit Salz eingerieben, aufgerollt und mit Bindfaden zusammengebunden. Dann wird das Stück auf Speckscheiben in die Bratpfanne gelegt, nach Belieben eine Gelbrübe und eine Zwiebel zugefügt und in heißem Ofen oder auf dem Feuer 1 Stunde gebraten. Vor dem Anrichten wird übrig gebliebenes Fett abgeschöpft, der Bodensatz mit einer halben Tasse Wasser aufgelöst und über das in dünne Scheiben geschnittene Fleisch gegossen. Das Fleisch muß innen noch rötlich aussehen, aber nicht bluten.

80. **Dampfbraten.** Ein gut abgelagertes Stück Rindfleisch vom Stotzen oder Schwanzstück wird abgehäutet, mit Speckstreifchen gleichmäßig durch- und überspickt und in heißem Fett schnell gelb gebraten. Dann werden eine Tasse heißes Wasser, ein zusammen gebundenes Büschel Sellerie und Petersilie, 1 Lorbeerblatt, eine Gelbrübe, eine geschnittene Zwiebel und ein Stück Brotrinde zugefügt und alles in fest verschlossenem Topfe langsam weich gedämpft. Wer die Sauce dicklich wünscht, kann ein kleines Teigli von 1–2 Löffel voll Mehl und Rahm oder Wein mit derselben vermischen und noch etwa 10 Minuten mitkochen.

81. **Rindfleisch-Roulade.** Vom Stotzen oder Schwanzstück wird eine große, handdicke Scheibe abgeschnitten, die etwa 1—2 kgr schwer sein sollte. Diese wird nun sorgfältig mürbe geklopft, mit feinem Salz und Pfeffer bestreut und mit einem Haschée von Zwiebeln, Petersilie, Speck und Eiern bestrichen. Dann wird sie aufgerollt, mit Bindfaden umwunden und auf Speckscheiben in eine Bratpfanne gelegt, ein wenig heißes Wasser dazu gegossen und im heißen Ofen weich und gelb gebraten. Diese Roulade kann so mit Sauce zu Tisch gebracht oder vorher zwischen zwei Brettchen gepreßt und dann kalt serviert werden.

82. **Essigfleisch oder Beef.** 1 ½ kgr Rindfleisch, vom Stotzen oder Schwanzstück, wird mürbe geklopft, in ein passendes Geschirr gelegt, das nötige Salz, 3 Lorbeerblätter, einige Gewürznelken, ½ Kaffeelöffel ganzer Pfeffer, ½ Löffel voll Wachholderbeeren, 2 geschnittene Zwiebeln und gelbe Rüben werden darüber gestreut. Dieses alles wird mit nicht zu scharfem Essig oder einer Mischung von Wein und Essig übergossen, mehrere Tage zugedeckt in die Kühle gestellt und einige Mal umgewendet. 3 Stunden vor Essenszeit wird das Fleisch zum Abtropfen auf ein Sieb gelegt, dann schnell in heißem Fett auf allen Seiten gelb gebraten und in einem gut verschließbaren Topf oder in die Bratpfanne gegeben. Im zurückgebliebenen Fett werden 2 Löffel voll Mehl und ½ Löffeli Zucker braun geröstet, mit einem Teil des Beizessigs aufgelöst, noch eine Tasse heißes Wasser dazu gegossen, die kochende Brühe über das Fleisch geschüttet und darin weich gekocht.

Die Sauce wird dann durch ein Sieb über das schön angerichtete Fleisch gegossen.

83. **Gespicktes Ochsenfilet.** Ein Filet wird von allen Häuten und Sehnen befreit, mit feinen Speckstreifchen gleichmäßig gespickt und in einer breiten Pfanne auf beiden Seiten in heißer Butter oder Bratenfett schnell gelb gebraten. Dann wird es in eine andere heiße Bratpfanne gebracht, die heiße Butter dazu gegossen, Salz darüber gestreut und ohne unzu

wenden etwa 40 Minuten im heißen Ofen gebraten. Flüssigkeit wird nicht dazu gegeben, nur der Bodensatz in der Bratpfanne nach dem Anrichten mit Fleischbrühe aufgelöst und über das Fleisch gegossen.

84. **Rindscotelette.** 1—2 Rippen werden herausgeschnitten, der Rückenknochen und das Häutige ringsum abgehauen, mit dem flachen Hackmesser sorgfältig auseinander geklopft und mit feinem Salz bestreut. Hernach werden feine Speckstreifchen durch die Fleischstücke gezogen, dieselben mit Petersilie, Gelbrübe, gespickter Zwiebel und 1 Schöpflöffel guter Fleischbrühe in einen passenden Topf gebracht und gut zugedeckt im heißen Ofen 1 Stunde gedämpft. Sollte die Brühe ganz eingekocht sein, so muß noch ein wenig Fleischbrühe oder Wasser nachgegossen werden.

85. **Rindscotelette anderer Art.** Das Fleischstück wird wie in voriger Nummer zubereitet. Dann wird in einer flachen Pfanne ein Stück Butter oder gutes Fett heiß gemacht, das Fleischstück schnell auf beiden Seiten gelb gebraten, das übrige Fett ganz abgegossen und eine halbe Tasse Fleischbrühe oder heißes Wasser nebenher gegossen. Hernach wird Eiermasse, wie beim überzogenen Rindfleisch angegeben ist, über das Fleisch gestrichen, die Pfanne noch 1/4 Stunde in den heißen Ofen geschoben und schön warm zu Tisch gebracht. Zur Bereitung dieser Speise eignen sich kleine Pfännchen mit Griff oder gut gebrannte irdene Platten (Bruntruter Geschirr).

86. **Beefsteak.** Von gut abgelagerten und abgehäuteten Filet werden quer über die Fasern zwei fingerdicke Scheiben abgeschnitten, mit dem Messerrücken sorgfältig geklopft, mit gutem Speiseöl oder zerlassener Butter bestrichen und in sehr heißer Butter während 2 Minuten auf beiden Seiten gebraten. Dann wird feines Salz darüber gestreut, das Gericht auf eine warme Platte angerichtet, mit Kräuterbutter bestrichen und schnell serviert.

87. **Gehackte Beefsteak.** 1 kgr gut abgelagertes Rindfleisch vom Schwanzstück oder Nierstück wird abgehäutet und fein

gehackt. Dann wird es mit dem nötigen feinen Salz und Pfeffer gemischt, runde Beefsteaks werden daraus geformt und während 2 Minuten in rauchheißer Butter auf beiden Seiten gebraten. Darnach kommt es auf eine warme Platte, und auf jedes Stück wird ein wenig Kräuterbutter gelegt. Sofort servieren.

88. **Kräuterbutter.** Je eine Hand voll Petersilie, Estragon und Zitronenkraut werden zusammen recht fein gehackt, mit eigroß frischer Butter geknetet und zum Würzen von Fleisch oder Geflügel verwendet.

89. **Kalbsbraten.** 1–2 kgr Kalbfleisch (Nierstück, Brust oder Schlegel) wird von den Knochen befreit, in einem saubern Tuch sorgfältig mürbe geklopft, mit Salz und wenig Pfeffer eingerieben, wenn nötig aufgerollt und mit Bindfaden zusammen gebunden. Dann werden in eine Bratpfanne 1–2 Löffel gutes Fett oder Speckscheibchen, auch Schwarte, und das Fleisch darauf gegeben und im heißen Ofen von allen Seiten gelb gebraten. Hernach wird ein wenig Mehl über das Fleisch gestreut, 1–2 Schöpflöffel Wasser oder Fleischbrühe zugegossen, eine mit Gewürznelken besteckte Zwiebel beigegeben und das Fleischstück unter öfterm Begießen mit seinem Saft weich gebraten. Ist der Ofen oben sehr heiß, so muß ein Deckel über den Braten kommen und das Fleisch öfters umgewendet werden. Der Braten in der Pfanne muß in gleicher Weise bereitet werden, nur wird in Ermanglung einer gut schließenden Pfanne mehr Flüssigkeit nötig sein. Die Knochen können nebenher gelegt oder zur Bereitung von Suppen verwendet werden. Für Kranke wird wenig gewürzt, der Speck weggelassen und dafür Butter verwendet.

90. **Fricandeau.** Von einem 2–3 ½ kgr schweren Stück des obern Teils des Kalbschlegels (Oberspälte) wird der Knochen abgelöst, das Eckige abgeschnitten und die Haut abgezogen; dann wird er mit Speckstreifchen gespickt und mit Speck, geschnittenen Zwiebeln in eine Pfanne gelegt, mit 2 Löffel Mehl bestreut und auf glühenden Kohlen gut zugedeckt, gedämpft,

bis sich am Boden der Pfanne eine gelbe Kruste zeigt. Dann werden $^1/_4$ l Wasser oder Fleischbrühe und $^1/_2$ Glas Weißwein zugegossen und das Ganze weiter gedämpft, bis das Stück durch und durch gar ist. Will man den Braten auch oben gelb werden lassen, so wird ein Deckel mit glühenden Kohlen aufgelegt oder die Pfanne noch in den Ofen geschoben; umwenden darf man das Stück nicht.

91. **Gefüllte Kalbsbrust.** Eine Kalbsbrust wird ausgebeint, auf einer Schmalseite geöffnet, sorgfältig gehöhlt und innen und außen mit Salz und Pfeffer eingerieben. Dann werden 1—2 eingeweichte und ausgedrückte Weggli, eine Hand voll Petersilie, junge Zwiebelröhren und 1 Chalotte zusammen fein gehackt und in 1—2 Löffel heiß gemachten Speckwürfeln gedünstet, bis die Masse etwas abgetrocknet ist. Nach dem Verkühlen werden 3—4 Eier und Salz darunter gemischt, die Brust damit nicht zu straff gefüllt und die Oeffnung zugenäht. Hernach wird das Stück wie ein Kalbsbraten behandelt. Das Tranchieren hat sorgfältig und mit scharfem Messer zu geschehen.

92. **Eine andere Art.** Die Kalbsbrust wird wie oben ausgebeint, gehöhlt und gesalzen. Dann werden zur Fülle 50—100 gr Butter glatt gerührt, 3 Eigelb, ein eingeweichtes und ausgedrücktes Weggli, das nötige Salz, der Saft einer halben Zitrone und der steife Schnee der Eier damit vermischt, eingefüllt und das Fleischstück wie gewohnt gebraten.

93. **Fleischvögel.** Ein halbes eingeweichtes Weggli, 50 gr Speck, ein Büscheli Petersilie und 1—2 Chalotten werden zusammen recht fein gehackt, in der Pfanne kurze Zeit gedünstet und nach dem Verkühlen mit 1—2 Eiern, dem nötigen Salz und Muskatblüte gemischt. Dann wird 1 kgr Kalbfleisch von der Unterspälte quer über die Faser in handgroße Scheiben geschnitten, sorgfältig mit dem flachen Hackmesser auseinander geklopft und mit feinem Salz und Pfeffer bestreut. Hernach wird die gehackte Masse dünn darauf gestrichen, die Scheiben werden aufgerollt und mit Speckstreifchen schön zusammen gespickt oder auch mit Bindfaden umwunden. Wenn alle vor-

bereitet sind, werden sie neben einander in die mit Speck bestrichene Bratpfanne gelegt, mit ein wenig Mehl bestreut und 15—20 Minuten gebraten; dann wird eine kleine Tasse Fleischbrühe dazu gegossen, das Ganze kurze Zeit gedünstet und nach dem Anrichten mit Zitronensaft überträufelt.

94. **Wienerschnitzel.** Vom Kalbsschlägel werden quer über die Fasern handgroße Scheiben abgeschnitten, sorgfältig mürbe und auseinander geklopft, mit feinem Salz und ein wenig Pfeffer bestreut, im Mehl umgewendet und in heißer Butter schnell auf beiden Seiten gelb gebraten. Hernach werden ein paar Löffel Fleischbrühe dazu gegossen, das Ganze etwa 5 Minuten zugedeckt, gedämpft und auf warmer Platte serviert.

95. **Wienerschnitzel, paniert.** Das Fleisch wird wie oben vorbereitet, die Stücke werden in gerührtem, gesalzenem Ei und geriebenem Brot umgewendet und auf beiden Seiten schnell gelb gebacken.

96. **Cotelette.** Die Coteletten werden vom obern Teil der Rippen vom Kalb, Schwein, Schaf oder Rind gewählt. Die Rippe wird mit dem daran hängenden Fleisch herausgeschnitten, der Rückenknochen abgehauen, das Fleisch von der Rippe zurück gestreift, sorgfältig mürbe geklopft, mit Salz und Pfeffer bestreut und in eine gefällige, rundliche Form etwas zusammen geschoben. Nun wird sie in gerührtem, gesalzenem Ei und Paniermehl umgewendet und schnell auf beiden Seiten in heißer Butter gebraten, einige Löffel Fleischbrühe oder Bratensaft werden dazu gegossen, das Fleisch kurz gedünstet und auf eine warme Platte angerichtet. Nach Belieben kann Zitronensaft darüber geträufelt werden. Für Kranke werden Ei, Paniermehl und Pfeffer weggelassen.

97. **Schweinscotelette.** Diese werden zubereitet wie die Kalbscoteletten. Eine andere Zubereitungsart ist: In einer Pfanne wird ein wenig Butter oder Fett heiß gemacht, die wie gewöhnlich vorbereiteten und gesalzenen Coteletten werden lagenweise hinein gegeben, fein gehackte Shalotten dazwischen gestreut und fest zugedeckt ½ Stunde gedämpft. Dann wird

ein wenig Zitronensaft darüber geträufelt und das Gericht heiß zu Tisch gebracht.

98. **Voressen oder Ragout.** 2 kgr Kalbfleisch von beliebigem Stück wird mit einem saubern Tuch abgewischt und in 5—7 cm große Stückli geschnitten. Dann wird in einer flachen Pfanne 1 Löffel Butter heiß gemacht, die Fleischstückli werden neben einander hinein gelegt und allseitig gelb gebraten. Hernach werden das nötige Salz, 1 Prise Pfeffer und 1 Löffel Mehl darüber gestreut, das Fleisch einige Mal umgekehrt, eine gespickte Zwiebel, 1 Stück Zitronenschale, ½ Glas Weißwein und 1 Schöpflöffel heißes Wasser zugesetzt und weich gedämpft. Für Kranke bleiben Pfeffer und Zwiebel weg.

99. **Andere Art** (Fricassée). In einer gut verzinnten Pfanne werden eigroß Butter und 1 Löffel Mehl zusammen gedünstet, jedoch nur bis es gelblich ist. Dann wird eine geschnittene Zwiebel ½ Glas Weißwein, ¼ Zitrone, 2 Schöpflöffel Fleischbrühe oder Wasser, das nötige Salz, 1 Prise Pfeffer und 2 kgr in Stücke geschnittenes Kalbfleisch hinein gegeben und gut zugedeckt 1 Stunde gedämpft. Nach Belieben kann die Sauce mit 1—2 Eigelb oder ein paar Löffeln Rahm gemischt werden.

100. **Netzbraten.** ½ kgr Rindfleisch, ⅓ kgr Schweinefleisch, ½ kgr Kalbfleisch, 2—3 Zwiebeln, für 10 Cts. eingeweichtes Brot und ein Büschel Petersilie werden zusammen fein gehackt, mit 2—4 Eiern, dem nötigen Salz, Pfeffer und ein wenig Zitronensaft gemischt. Nun wird ein Kalbsnetz in lauwarmem Wasser eingeweicht, ausgedrückt und auf einem Tisch ausgebreitet, das Fleisch wurstartig darauf geordnet, das Netz auf beiden Seiten darüber gebogen und mit Bindfaden umwunden. So wird die Wurst in die Bratpfanne gelegt, eine Tasse Fleischbrühe dazu gegossen und während ½ Stunde saftig durchgebraten. Hat man kein Kalbsnetz, so wird das Fleisch mit mehligen Händen zu einer Wurst geformt und in gleicher Weise behandelt. Diese Portion reicht für 6—10 Personen.

101. **Schweinsbraten.** Das beste Stück ist das Filet (Carré). Dasselbe wird ausgebeint, mit Salz und Pfeffer eingerieben, nach Belieben mit einigen Schnittchen Knoblauch gespickt und mit Bindfaden umwunden. Das Stück und die Knochen werden dann ohne andere Fettzugabe in die Bratpfanne gelegt, ein wenig Mehl darüber gestreut und im heißen Ofen gelb gebraten. Das herausgeschwitzte Fett wird nachher abgeschöpft, noch heißes Wasser zugegossen, 1 gespickte Zwiebel und gelbe Rübe beigegeben, unter öfterm Begießen mit seiner Brühe weich gebraten und vor dem Anrichten nochmals abgefettet. Platte und Teller müssen erwärmt werden. Man kann auch jedes andere Stück vom Schwein braten, indem man die stärksten Knochen herauslöst, in die Schwarte einige Einschnitte macht, dünne Stücke zusammen bindet und im weitern wie oben verfährt.

102. **Schweinspfeffer.** 2 kgr mageres Schweinefleisch wird in Stückli geschnitten, in ein passendes Geschirr gebracht, das nötige Salz, 1 Kaffeelöffeli ganzer Pfeffer, 2 Lorbeerblätter, 1 Löffel voll Wachholderbeeren, 2 geschnittene Zwiebeln und Gelbrüben werden dazwischen gestreut, mit Wein oder nicht zu scharfem Essig übergossen und zugedeckt mehrere Tage in den Keller gestellt. 3 Stunden vor Essenszeit wird das Fleisch zum Abtropfen auf ein Sieb gebracht, dann in heißem Fett schnell gelb gebraten und in einen andern Topf gelegt. Im zurückgebliebenen Bratfett werden 1 Löffel voll Mehl und ½ Löffel gestoßener Zucker braun geröstet, mit dem Beizessig samt den Gewürzen und der noch nötigen Fleischbrühe oder heißem Wasser aufgelöst; diese kochende Brühe wird über das Fleisch gegossen und damit eingekocht. Das überflüssige Fett wird abgeschöpft und zum Gemüsekochen verwendet.

103. **Hasenpfeffer.** Ein Hase wird mehrere Tage an die Luft gehängt, dann abgezogen; Kopf, Brust und Vorderläufe werden in kleine Stücke geschnitten, mit ½ Kaffeelöffeli ganzem Pfeffer, einigen Lorbeerblättern und Gewürznelken, zerschnittenen Zwiebeln und Gelbrüben, einem Sträußchen Petersilie und

Thymian und dem nötigen Salz in ein passendes Gefäß gebracht, mit nicht zu scharfem, heißem Essig oder Wein übergossen und mehrere Tage zugedeckt in einen kühlen Raum gestellt. 2 Stunden vor Essenszeit wird das Fleisch zum Abtropfen auf ein Sieb gelegt, dann in einer Pfanne ein starker Löffel voll Butter oder Speckwürfeli heiß gemacht, 2 Löffel voll Mehl darin dunkelbraun geröstet, mit einem Teil der Beize und einem Teil Fleischbrühe aufgelöst, die Fleischstückli samt den Gewürzen hinein gebracht, während 1 ½ Stunden weich gekocht und über geröstete Brotstängli angerichtet.

104. **Schweinsohr.** Ein etwa ¾ kgr schwer herausgeschnittenes Schweinsohr wird gut gereinigt, mit 1 l lauem gesalzenem Wasser, ¼ Glas Essig, 1 Lorbeerblatt, einem Sträußchen grünem Gewürz zum Feuer gebracht und weich gekocht. Dann wird von 1 Löffel Butter, ebenso viel Mehl und dem Sud eine Sauce gemacht, eine Zitronenscheibe und nach Belieben Capern werden zugefügt und das Ohr nochmals darin aufgekocht. Man kann es auch zwischen 2 Brettchen kalt pressen und mit Essig und Oel servieren.

105. **Gefülltes Schweinsohr.** Das gut gebrühte und gereinigte Ohr wird zur Hälfte sackartig zusammen genäht. Dann werden 200 gr Fleisch, 50 gr Speck, eine Chalotte, ein Sträußchen Petersilie zusammen fein gehackt, mit Salz, Muskatnuß, 1—2 Eiern und ein paar Löffel voll Rahm gemischt, ins Ohr gefüllt und dieses vollends zugenäht. Das Ohr wird nun in ein reines Tuch gewickelt, im Suppentopf weich gekocht und hernach mit brauner Sauce serviert. Das Ohr kann auch zwischen zwei Brettchen gepreßt, in Scheiben geschnitten und kalt gegeben werden.

106. **Geräuchertes Schweinefleisch.** Das Fleisch muß nach dem Schlachten völlig erkalten. Dann werden auf 25 kgr Fleisch 1 ⅓ kgr Salz und 80 gr Salpeter gemischt, das Fleisch besonders den Knochen nach tüchtig eingerieben und in ein passendes Fäßchen gelegt, so daß jeweilen die Lücken mit den kleinern Stücken ausgefüllt werden. Gut zugedeckt wird das

Fleisch 2—3 Wochen in den Keller gestellt und jeden zweiten Tag die sich unten gesammelte Salzlacke oben darüber gegossen. Die Stücke werden hernach mit Haken oder Weidenringen versehen, zuerst einen halben Tag zum Trocknen an einen luftigen Ort und hernach nicht zu nahe über dem Herdfeuer in den Kamin oder Rauchfang gehängt. Kleinere Stücke sind in 2, größere in 3—4 Wochen durchräuchert.

107. **Geräucherte Schinken.** Zwei große Schinken von zusammen etwa 15 kgr Gewicht werden nach dem Erkalten mit einer Mischung von 3/4 kgr Salz und 60 gr Salpeter tüchtig eingerieben und aufrecht in einen Zuber oder ein Fäßchen gestellt. Dann werden 150 gr gelber Zucker, 30 gr ganzer Pfeffer, 1 Löffel Wachholderbeeren, 3 Lorbeerblätter und 5 l Wasser zusammen gut durchgekocht, nach dem Erkalten 5 kleine Zwiebelchen zugefügt und über die Schinken gegossen. Die leeren Stellen dazwischen werden mit sauber gewaschenen runden Steinen ausgefüllt, damit die Lacke über die Schinken reicht. Gut zugedeckt wird das Gefäß 2—4 Wochen in die Kühle gestellt und soll während dieser Zeit so wenig wie möglich berührt werden. Hernach werden sie wie oben 4—6 Wochen geräuchert, aber jedenfalls 3—4 Meter über dem Herd, damit nicht die äußere Seite zu schnell geräuchert, holzig und spänig wird, während der innere Teil dann viel später austrocknet und so leicht einen scharfen Geschmack annimmt. Vor dem Kochen wird der Schinken nur schnell sauber abgewaschen, nicht eingeweicht, und auf schwachem Feuer gekocht, bis das Fleisch beim Einstecken einer Stricknadel nicht mehr knirscht; man darf aber nicht zu oft hineinstechen, sonst wird der Schinken saftlos. Ein angeschnittener Schinken soll mit reinem, mit Essig oder Oel befeuchtetem Tuch oder Papier bedeckt werden.

108. **Gebackene Schinken in Teighülle.** 1—1 1/2 kgr gewöhnlicher Brotteig wird etwa 1 cm dick auseinander getrieben, ein gut abgewaschener und abgetrockneter Schinken darauf gelegt, der Teig von allen Seiten darüber und durch Anfeuchten zusammen gedrückt, so daß der Schinken durchweg mit dem

Teig bedeckt ist. Hernach wird er auf ein Backblech gelegt und im heißen Ofen 2 Stunden gebacken. Man kann den ausgetriebenen Teig vorher auch mit gehackter Zwiebel, Petersilie, Salbei und Thymian bestreuen. Die Brotkruste kann nach dem Abnehmen noch völlig hart getrocknet, gestoßen, gesiebt und zu Suppe verwendet werden.

109. **Bratwürste.** 2 Teile frisches, nicht zu fettes Schweinefleisch und 1 Teil Kalbfleisch werden zusammen verwiegt. Zu 1 kgr Fleisch werden 100–150 gr gehackte Zwiebeln in der Pfanne gedünstet und zu dem Fleisch gegeben. Dann werden das nötige Salz, etwas Pfeffer, nach Belieben geriebener Kümmel und ein wenig Fleischbrühe damit gemischt. Diese Masse wird in dünne Schweinsdärme gefüllt, doch nicht zu straff. Hernach werden die Würste in Mehl umgewälzt, in heißer Butter mit geschnittenen Zwiebeln gebraten, ein wenig Fleischbrühe zugefügt, gut durchgedämpft und heiß serviert. Dicke Bratwürste müssen vor dem Braten im warmen Salzwasser erwärmt werden.

Will man die Würste längere Zeit aufbewahren, so taucht man sie in zerlassenes Schweinsfett und legt sie neben einander auf ein reines Brett, so daß sie sich nicht berühren. Vor Gebrauch werden sie erwärmt, damit das Fett abrinnt.

110. **Fleischknöpfli.** Für 6 Personen werden je $^1/_4$ kgr Rind-, Kalb und Schweinefleisch, eine Zwiebel und für 10 Cts. eingeweichtes und ausgedrücktes Brot recht fein gehackt, mit 1–2 Eiern, dem nötigen Salz, einer Messerspitze Pfeffer und 2 Löffel voll gehackter Petersilie vermengt. Von dieser Masse werden baumnußgroße Knöpfli geformt, in kochendes Salzwasser gelegt und, wenn sie obenauf schwimmen, mit der Schaumkelle herausgezogen. Indessen werden in einer Messing- oder gut verzinnten Pfanne 40 gr Butter und 1 Löffel Mehl zusammen gedünstet, mit einer Tasse Knöpflibrühe aufgelöst, 1 Lorbeerblatt, $^1/_2$ Glas Weißwein oder einige Löffel Essig zugefügt und die Sauce $^1/_4$ Stunde gekocht. Man kann vor dem Anrichten 1–2 gut gerührte Eigelb damit vermischen und sie

über die Knöpfli gießen. Die Knöpflibrühe kann zu Suppe verwendet werden.

111. **Fleischpudding.** $^1/_2$ kgr Kalbfleisch und $^1/_4$ kgr Schweinefleisch werden mit einer Zwiebel, einem Büschel Petersilie und einem eingeweichten Weggli fein gehackt, mit dem nötigen Salz, einer Prise Pfeffer, dem Saft einer halben Zitrone und 2—3 gerührten Eiern gut gemischt. Nachdem eine halbe Tasse Rahm oder auch Fleischbrühe damit vermengt ist, wird diese Masse in gut bestrichener Puddingform 1 Stunde im Wasserbad gesotten und auf eine warme Platte umgestürzt.

112. **Kalbsherz.** 2 Kalbsherz werden auf der Seite eingeschnitten und das Blut herausgeschwenkt, hernach mit Speckstreifchen gespickt, mit verschnittenem Speck, Zwiebeln, gelben Rüben, Petersilie, 1 Lorbeerblatt, ein paar Löffeln Wein oder Essig, dem nötigen Salz und 2 Schöpflöffel heißem Wasser oder Fleischbrühe zum Feuer gebracht und zugedeckt 1 $^1/_2$ Stunden gedämpft. Indessen wird 1 Löffel Mehl in Butter braun geröstet, mit der Sauce glatt gerührt und noch kurz mitgedämpft.

113. **Kalbshirn in Buttersauce.** 1 Kalbshirn wird in lauwarmes Wasser gelegt und rein abgehäutet. Dann werden in einer verzinnten Pfanne halb eigroß frische Butter und 1 Löffel Mehl zusammen gedünstet, 1 Schöpflöffel Fleischbrühe, 2—3 Löffel Wein, das nötige Salz, 1 Prise Muskatnuß zugefügt, wenn die Brühe kocht, das Hirn hineingelegt, 5—10 Minuten gekocht, nach Belieben Zitronensaft darüber geträufelt und heiß serviert. Man kann gebähte Brotscheibchen oder Stengeli rings herum legen oder das Hirn darüber anrichten.

114. **Kalbszunge.** Eine frische Zunge wird mit lauwarmem, gesalzenem Wasser oder Fleischbrühe, 1 Lorbeerblatt, 1 gespickter Zwiebel, einem Sträußchen grünem Gewürz und gelber Rübe zum Feuer gebracht und weich gekocht. Dann wird die Haut abgezogen. Indessen werden 1 Löffel Speckwürfeli, 1 Löffel Mehl und 1 Messerspitze Zucker zusammen gelb geröstet, eine gehackte Chalotte noch mit geröstet, bis alles

eine schön braune Farbe hat, mit ½ Glas Weißwein und 1 Schöpflöffel Zungenbrühe aufgelöst, ein wenig Muskatblüte und nach Belieben 1 Kaffeelöffeli voll Capern zugefügt und gekocht, bis die Sauce kräftig ist. Die Zunge wird dann der Länge nach in zwei Teile geschnitten, doch so, daß sie an der Spitze noch zusammen hängt, herzförmig auf die Platte geordnet und die Sauce durch ein Sieb darüber gegossen.

115. **Gedämpfte Leber.** Eine Kalbsleber wird vermittelst eines spitzen Messerchens abgehäutet, mit Speckstreifchen gespickt, welche in einer Mischung von geriebener Petersilie und Majoran umgedreht wurden. Dann wird in einem passenden Topf ein Stück Butter heiß gemacht, 1 geschnittene Zwiebel und Gelbrübe, 1 Lorbeerblatt, 3 Gewürznelken darin gedünstet und die Leber schnell allseitig gelb gebraten. Die Leber wird nachher herausgenommen und in zurückgebliebenem Fett 1 Löffel voll Mehl geröstet. Dann werden ½ Tasse Fleischbrühe und ½ Glas Weißwein zugegossen, die Leber wieder hineingebracht und fest zugedeckt ¾ Stunden gedämpft. Hernach wird das nötige Salz zugesetzt und die Sauce durch ein Sieb über die Leber angerichtet.

116. **Leberschnitten.** Frische Kalbsleber wird abgehäutet, in handgroße Scheiben geschnitten, diese mit ein wenig Pfeffer bestreut, in Mehl umgewendet und auf beiden Seiten in heißer Butter gebraten; hernach wird sie gesalzen, in eine erwärmte Platte angerichtet, der Satz in der Pfanne mit ein paar Löffeln Fleischbrühe und Weißwein aufgelöst und dazu gegossen.

117. **Leberspießli.** ½ kgr Kalbsleber wird abgehäutet, in fingergroße Stückli geschnitten, eine Prise Pfeffer darüber gestreut, jedes Stück mit Salbei in ein Streifchen Kalbsnetz gewickelt und je 4 solcher Wickel an einen Zahnstocher gesteckt. Wenn alle vorbereitet sind, wird ein starker Löffel voll Butter oder Fett heiß gemacht, die Spießli werden nebeneinander in die Pfanne gelegt, gehackte Zwiebeln und ein wenig Mehl darüber gestreut und 5 Minuten gebraten. Hernach werden das nötige Salz und ein paar Löffel Fleischbrühe zugefügt, kurz

gedünstet und am besten zu jungen Bohnen serviert. Hat man kein Kalbsnetz, so kann die Leber mit einem Streifchen Speck in ein Salbeiblatt gewickelt werden.

118. **Geröstete Leber.** $1/2$ kgr Kalbsleber wird in kleine Stückli geschnitten. Dann werden in einer Pfanne ein Löffel Butter heiß gemacht, eine große geschnittene Zwiebel darin gedünstet, die Leber hinein gebracht, ein wenig Mehl und Pfeffer darüber gestäubt und während einer Minute geröstet. Hernach werden 2—3 Löffel Essig oder Fleischbrühe dazu gegossen, das nötige Salz beigegeben und auf warmer Platte sofort zu Tisch gebracht.

119. **Leberknöpfli.** Die geschabte Leber wird mit Zwiebeln, beliebigen Küchenkräutern und eingeweichtem Brot fein gewiegt, mit Salz, ein paar Löffeln saurem Rahm, ein wenig Mehl und einigen gerührten Eiern gemischt. Von dieser Masse werden mit einem kleinen Löffel Stückli ausgestochen, in stark kochendes Salzwasser oder Fleischbrühe gelegt, einmal aufgekocht, auf eine warme Platte gebracht und mit gerösteten Zwiebeln bestreut. Die Brühe giebt eine kräftige Suppe.

120. **Leber im Netz.** $1/2$ kgr abgehäutete Kalbsleber wird aus den Adern geschabt, mit der Hälfte eines eingeweichten Weggli, einer Zwiebel, einem Büschel Petersilie, Majoran und Salbei fein verwiegt und mit Salz, einer Prise Pfeffer, 2—4 Eiern und 2 Löffeln Mehl gemischt. Dann wird ein reines, frisches Kalbsnetz über eine kleine Bratpfanne ausgebreitet, die Leber hinein gebracht, die überhängenden Netzenden darüber gebogen und mit hölzernen Spießchen befestigt. So wird die Pfanne in den heißen Ofen gebracht und die Leber $1/2$—$3/4$ Stunden gebraten, wenn nötig ein wenig Fleischbrühe oder Bratensaft zugefügt und dann auf eine warme Platte umgestürzt.

121. **Leberpudding.** $1/2$ kgr Kalbs- oder junge Rindsleber wird wie in voriger Nummer vorbereitet und mit dem nötigen Salz, Pfeffer, 3 Eigelb, dem Eierschnee und $1/2$ Tasse Rahm gemischt. Dann wird eine Puddingform mit Butter

bestrichen, die Leber hinein gebracht und fest zugedeckt 1 Stunde im Wasserbad gesotten; auf eine Platte umgestürzt, wird der Pudding mit Butter oder Kräutersauce serviert.

122. **Kuttlen.** Die vom Metzger recht gut gereinigten Kuttlen werden in gesalzenem Wasser weich gekocht, in kaltem Wasser abgeschwenkt und in feine Streifchen geschnitten. Dann werden auf einen gehäuften Teller Kuttlen 1 Löffel Butter oder gutes Fett heiß gemacht, eine gehackte Zwiebel und 1/4 Eßlöffel gestoßener Kümmel darin gedünstet, die Kuttlen hinein gegeben, das noch nötige Salz, eine Prise Pfeffer und 1 Löffel voll Mehl darüber gestreut und 10—15 Minuten so gedämpft; hernach wird 1/4 Glas Wein oder ein wenig Essig und wenn nötig noch etwas Fleischbrühe zugefügt und kurz eingekocht.

123. **Kalbsgekröse.** Das Gekröse wird sauber gewaschen und von den anhängenden Drüsen (Klümpchen) befreit, dann mit lauwarmem Wasser, dem nötigen Salz, einem Sträußchen Gewürz, einer gespickten Zwiebel und 1/2 Glas Essig zum Feuer gebracht und weich gekocht. Hernach werden 1 Löffel Butter und 1 Löffel Mehl zusammen gedünstet, mit 1 Schöpflöffel von dem Sud aufgelöst und das in Streifchen geschnittene Gekröse darin heiß gemacht.

124. **Kalbsgrick.** Lunge und Herz eines Kalbes werden in apfelgroße Stücklein geschnitten. In einem passenden Topfe erhitzt man 2 Löffel Speckwürfelchen, giebt die Fleischstücke lagenweise hinein, indem man Salz, Pfeffer, gehackte Zwiebeln und Paniermehl dazwischen streut. Hernach wird soviel heißes Wasser dazu gegossen, daß das Fleisch zur Hälfte darin liegt, und das Ganze bei wohlbedecktem Topfe 1 1/2 Stunden über mäßigem Feuer gekocht. (Billig und nahrhaft.)

125. **Gebrühter Kalbskopf.** Ein Kalbskopf von etwa 6 bis 8 kgr wird vom Metzger gebrüht und gut gereinigt. Dann werden in einem großen Topf 8 Teile Wasser oder Fleischbrühe und 2 Teile Weißwein heiß gemacht, das nötige Salz, 1 Kaffeelöffeli voll ganzer Pfeffer, 3 Lorbeerblätter, 2 Gelbrüben, 1 Sellerie, 2 gespickte Zwiebeln, 1 Büschel Lauch und Petersilie

zugefügt, der Kalbskopf in einem saubern Tuch eingebunden hinein gegeben und langsam weich gekocht. Hernach wird der Kopf sauber abgewischt, auf eine Platte gelegt, die Schnittseite mit krauser Petersilie besteckt, die Vorderseite mit Zitronenscheiben garniert und nach Belieben zur Ansicht auf den Tisch gestellt. Während dem wird von 80 gr Butter, 2 Löffel Mehl und $^1/_2$ l von dem Sud eine weiße Buttersauce bereitet und je nach Umständen mit Kapern oder Champignon gewürzt. Der Kopf wird dann gespalten, die Knochen werden ausgelöst, das Fleisch in schöne Scheiben geschnitten, das Hirn schnell gereinigt in die Mitte der Platte und das Fleisch ringsum geordnet und mit der heißen Sauce übergossen oder extra dazu serviert. Die Zunge wird abgehäutet, in Scheibchen geschnitten und mit dem Fleisch auf die Platte gebracht.

126. **Kalbsfüße.** Die Füße werden wie der Kalbskopf in säuerlich gewürzter Brühe weichgesotten und von den Knochen abgezogen. Dann wird eine kräftige Buttersauce gemacht, und die beliebig zugeschnittenen Stückli werden nochmals darin aufgekocht.

127. **Gebackener Kalbskopf oder Füße.** Ein wie oben gekochter Kalbskopf wird von den Knochen befreit, noch heiß in ein reines Tuch gebunden und zwischen 2 Brettchen gepreßt. Am andern Tag wird das Fleisch in schöne Stücke geschnitten, in Backteig getaucht, in heißer, schwimmender Butter gebacken und warm serviert.

128. **Gallerich.** 3–4 Pfund Schweins-Füße, -Ohren, -Nasen 2c. und ein Kalbsfuß werden mit Wasser über das Feuer gesetzt und gesalzen; dazu fügt man Rüben, Zwiebeln, ganze Nelken, Sellerie, Petersilienwurzeln nebst einigen Pfefferkörnern und Wachholderbeeren, alles in ein Stückchen Leinwand gebunden, und $^1/_2$ Liter Weißwein oder einige Löffel Essig. Nun wird das Ganze auf schwachem Feuer so lange gekocht, bis sich das Fleisch von den Knochen löst. Hierauf zieht man dieses mit der Schaumkelle heraus, entfernt sorgfältig alle Knochensplitter, salzt es, wenn nötig, noch mehr,

giebt etwas Muskatnuß bei, bindet es in eine Serviette und preßt es an einem trockenen Orte zwischen 2 Brettchen. Der „Sutt“ oder Gallerich wird aus der Pfanne durch ein Tuch oder Haarsieb angerichtet und über Nacht an kühlem Orte aufbewahrt. Tags darauf entfernt man das Fett, welches sich oben gesammelt hat, bringt die Masse in eine Messing- oder gut verzinnte Pfanne, schlägt 4 - 5 Eier (samt Schalen) dazu, fügt eine Hand voll gelbe Zwiebelhäute bei, kocht das Ganze einmal auf und richtet es wieder durch ein Haarsieb an. Das Fleisch wird inzwischen in passende Stücklein geschnitten, auf Platten gelegt und mit der Brühe übergossen.

129. **Fleischreste an Sauce.** Uebrig gebliebenes, gesottenes oder gebratenes Fleisch wird in kleine Scheiben geschnitten. Dann werden auf einen Teller voll Fleisch ein Löffel Butter heiß gemacht, eine gehackte Zwiebel darin gedünstet, das Fleisch hinein gegeben, das nötige Salz, ein wenig Pfeffer und $^1/_2$ Löffel voll Mehl darüber gestreut. So wird das Fleisch einige Minuten geröstet, dann eine halbe Tasse Fleischbrühe zugefügt und gut durchgekocht. Hat man Bratensauce, so wird das geschnittene Fleisch einfach darin heiß gemacht, hernach über dünne Brotscheiben angerichtet.

130. **Gewürzte Rindfleischschnitten.** $^3/_4$ kgr gekochtes Rindfleisch wird in schöne Scheiben geschnitten und in einen kleinen Topf geschichtet. Dann werden in einer Pfanne 1 Löffel Butter oder Speckwürfeli heiß gemacht, 1 Löffel Mehl, eine gehackte Zwiebel darin gedünstet, eine kleine Tasse Fleischbrühe, das nötige Salz, 1 Kaffeelöffeli Senf, eine Prise Pfeffer zugefügt, die Sauce durchgekocht, durch ein Sieb über das Fleisch gegossen und dasselbe zugedeckt im Ofen durchgedämpft. Das Fleisch kann auch in einer braunen Sauce heiß gemacht werden.

131. **Gekochtes Rindfleisch mit Erdäpfeln.** 60 gr magerer Speck wird in Würfeli geschnitten und in der Pfanne gedünstet; dann werden $^1/_2$ kgr roh geschälte und in Bröckli geschnittene Erdäpfel, 1 Glas Wasser, das nötige Salz und 1 Kaffeelöffeli voll gehackte Petersilie zugefügt und $^1/_4$ Stunde gedämpft.

Hernach werden etwa $\frac{1}{2}$ kgr gekochte Fleischscheiben dazu gelegt, völlig weich gedämpft und miteinander angerichtet.

132. **Fleischpudding mit Kartoffeln.** Fleischresten jeder Art werden in kleine Stücke geschnitten. Gut so viel rohe Erdäpfel wie Fleisch werden geschält und in Scheiben geschnitten. Dann wird eine tiefe starke Form (Tüpfe oder kleines Pfännchen) mit Butter oder Speck bestrichen. Fleisch, Erdäpfel und gehackte Zwiebeln werden abwechselnd hinein gegeben und zuletzt Erdäpfel. Darnach wird etwa eine Tasse Fleischbrühe oder gesalzenes Wasser, noch besser Rahm darüber gegossen und zugedeckt das Ganze $\frac{1}{2}$ Stunde im heißen Ofen gebacken. Schmeckt ausgezeichnet.

133. **Gebackene Fleischkügeli.** Uebrig gebliebenes Fleisch wird mit eingeweichtem Brot, grünem Gewürz und Zwiebeln fein gehackt und mit dem nötigen Salz, ein wenig Pfeffer, einigen Eiern oder ein wenig Rahm gemischt. Dann werden nußgroße Kügeli daraus geformt, dieselben in Backteig getaucht und in heißer schwimmender Butter oder Fett gebacken. Sie bedürfen sehr wenig Fett und werden zu Salat oder mit gekochtem Obst serviert.

134. **Blutwürste.** 2 l frisches Schweinsblut wird durch ein Sieb gegossen; dann werden 2 Löffeli Salz, 1 Messerspitze Pfeffer, 2 Löffel gehackte und gedünstete Zwiebeln, 2 kleine Löffel voll Mehl und $\frac{1}{2}$ l Milch zugefügt, in gut gereinigte Därme gefüllt und in Salzwasser einige Minuten mäßig gekocht. Sie werden nachher abgewischt, auf Bretter oder ein Sieb gelegt und bis zum Gebrauch an kühlem Ort aufbewahrt. Hernach wird ein wenig Butter in eine feuerfeste Platte gebracht, die Würste werden darauf gelegt, mit einer Gabel durchstochen und im Ofen heiß gemacht.

135. **Auflauf von Schweinsblut.** 1 l gut gerührtes Schweinsblut wird durch ein Sieb gegossen, 1 kleine Tasse Milch, das nötige Salz, eine Prise Pfeffer, eine fein gehackte Zwiebel, 1 Kaffeelöffeli voll gehackter oder geriebener Majoran, Thymian und Petersilie und 2—3 Löffel voll Mehl

damit gemischt. Nun wird eine feuerfeste Platte oder Form mit Butter bestrichen, die Masse hineingegeben und im Ofen oder zwischen glühenden Kohlen $1/4$ Stunde gebacken.

136. **Poulet in Reis.** Ein nicht über 2 Jahre altes Huhn wird sauber geputzt, die Härchen werden über einer Spiritusflamme abgebrannt, die Eingeweide herausgenommen, die Höhle gut gereinigt und die Füße abgehauen. So wird das Huhn im Suppentopf beinahe weich gesotten und in schöne Stückli geschnitten, welche in Buttersauce nochmals aufgekocht werden. Indessen wird $1/2$ kgr ganzkörniges Reis angebrüht, mit soviel Fleischbrühe, bis sie gut darüber steht, zum Feuer gebracht und langsam eingedämpft. Der Reis muß weich, darf aber nicht breiig sein. Derselbe wird wie ein Ring auf die Platte angerichtet, die Fleischstückli werden in die Mitte gelegt und die Sauce, welche vorher mit 1—2 Eigelb gemischt wurde, über das Ganze gegossen.

137. **Gebratene Ente.** Eine gut gereinigte Ente wird innen und außen mit Salz und Pfeffer eingerieben, mit geriebenem Brot oder kleinen geschälten Erdäpfeln oder abgebrühtem Reis oder auch geschälten Kastanien gefüllt, zugenäht und in gefällige Form dressiert. Nun wird sie nebst einem Sträußchen grünem Gewürz, einer Zwiebel oder einer Chalotte und ein wenig warmem Wasser in die Bratpfanne gelegt und unter öfterm Begießen mit dem Saft 1—1 $1/2$ Stunde im Ofen gebraten. Die Ente wird dann auf eine Platte geordnet, mit krauser Petersilie garniert und die abgefettete Sauce durch ein Sieb darüber gegossen. Eine Gans kann in gleicher Weise behandelt werden.

138. **Gebratene, gefüllte Tauben.** 4 junge Tauben werden gut gereinigt. Dann wird ein Weggli in Milch oder Fleischbrühe eingeweicht, ausgedrückt in Butter schnell gedünstet und in eine Schüssel gebracht; nachher wird die Masse mit Salz, Muskatnuß, gehackter Chalotte nebst gehacktem Magen und Leber, 2—3 Eiern gemischt, in die gesalzenen Tauben eingefüllt, die Oeffnung zugenäht und dressiert. Hernach werden in der

Pfanne 2 Löffel Butter heiß gemacht, die Tauben und 1 verschnittene Zwiebel hinein gegeben und zugedeckt $^1/_2$—$^3/_4$ Stunden gebraten. Währenddem muß ein wenig heißes Wasser oder Fleischbrühe zugegossen werden.

139. **Ragout von jungen Hühnern oder Hähnen.** Diese werden gut gereinigt, im Suppentopf $^1/_4$ Stunde gekocht, dann abgeschwenkt, beliebig verschnitten und in einer Buttersauce noch völlig weich gekocht. Das Fleisch wird dann angerichtet, die Sauce noch mit 1—2 Eigelb vermischt und darüber gegossen.

140. **Wiener Backhähneli.** Einige ganz junge Hühner werden wie zum Braten zugerichtet und roh in Stückli geschnitten. Dann wird eine Mischung von Zitronensaft, Olivenöl, Salz, Pfeffer, gehackten Chalotten und feinen Kräutern zurecht gemacht, die Fleischstückli werden eingetaucht und 3—4 Stunden zugedeckt liegen gelassen. Hernach werden die Stückli in guten Backteig getaucht, in heißer schwimmender Butter gebacken und mit einer beliebigen Sauce serviert.

141. **Gitzibraten.** Kopf und Vorderläufe nebst Brust werden von einem 4 Wochen alten „Gitzi" abgeschnitten und zu Fricassée verwendet. Rücken und Hinterschenkel werden mit Salz und Pfeffer eingerieben und die Schenkel unter den Leib auf Speckscheiben in die Bratpfanne gelegt, eine gespickte Zwiebel, ein Sträußchen Thymian und eine Gelbrübe werden zugefügt und im heißen Ofen gelb gebraten. Dann wird 1 Löffel voll Mehl mit saurem Rahm gemischt, die Mischung über den Braten gestrichen, ein Schöpflöffel Fleischbrühe nebenher gegossen und das Fleisch so in einer Stunde weich und saftig gebraten.

Hasenbraten kann in gleicher Weise bereitet, muß aber vorher mit Speckstreifchen gespickt werden.

142. **Gebratener Hecht.** Ein etwa 1 kgr schwerer Hecht wird abgeschuppt, die Eingeweide werden herausgenommen und das Blut vom Rückgrat abgekratzt; dann wird er innen und außen mit Salz eingerieben und $^1/_4$ Stunde liegen gelassen. Indessen werden 30 gr Butter in die Bratpfanne gebröckelt, eine Hand voll gewaschene Petersilie, Sellerie, Gelbrüben,

Zwiebeln (alles klein geschnitten) darauf gestreut, 1 Lorberblatt, ein paar Pfefferkörner und ein wenig Muskatblüte zugefügt und 1/4 Stunde im Ofen gedünstet; der Fisch wird dann darauf gelegt, 2 Löffel voll Essig werden darüber gegossen und 1/4 Stunde gebraten, dann auf eine warme Platte sorgfältig angerichtet und mit Petersilie und Zitronenscheiben garniert. Der zusammen gelaufene Saft in der Bratpfanne wird durch ein Sieb dazu gegossen. Auch andere Fische können so behandelt werden.

143. **Forellen an Buttersauce.** 1 1/2 kgr nicht zu kleine Forellen werden gereinigt, die Eingeweide herausgenommen und die Fische gesalzen. Dann wird eine recht reine Serviette in eine passende Pfanne gelegt, halb Wasser und halb guten Weißwein, eine geschnittene Selleriewurzel, eine geschälte mit Gewürznelken gespickte Zwiebel, ein Stück Zitronenschale, einige Pfefferkörner, eine Brotrinde, eine geschnittene Gelbrübe hineingegeben und alles heiß gemacht. Die Fische werden dann hinein gelegt, die Serviettenzipfel darüber gedeckt und 5—10 Minuten auf schwachem Feuer gekocht. Zur Sauce wird 70—100 gr frische Butter mit 2—3 Löffel voll Mehl gedünstet, mit einem Teil des Fischsud zu einer gleichmäßig dicklichen Flüssigkeit gekocht, noch Weißwein oder Zitronensaft zugefügt, 2—3 gerührte Eigelb damit vermischt, aber dann nicht mehr gekocht, und durch ein Sieb über die schön angerichteten Fische gegossen oder extra dazu serviert. Auch andere, nicht zu kleine Fische können so bereitet werden. Große Fische werden vorher in etwa 100 gr schwere Stücke geschnitten.

144. **Gebackene Fische.** Die abgeschuppten kleinen oder in Stücke geschnittenen Fische werden mit Salz eingerieben und etwa 1 Stunde übereinander gelegt. Hernach werden dieselben in Mehl oder nach Belieben in gerührten gesalzenen Eiern und Mehl oder Brotmehl umgekehrt und in heißer schwimmender Butter schön braun gebacken und sogleich serviert.

145. **Abgeschmälzter Stockfisch.** Ein eingeweichter Stockfisch wird von den Häuten und Gräten befreit, in warmes Salz-

wasser gebracht und 1—2 Minuten schwach gekocht. Hernach werden die Stücklein auf eine warme Platte geordnet, Salz und Pfeffer dazwischen gestreut, allfällig angesammeltes Salzwasser abgegossen und recht heiße Butter mit darin gerösteten Zwiebeln darüber geschüttet. Muß man die Stockfische selbst einweichen, so teilt man dieselben mit einem Hackmesser oder einer Säge in Stücke, legt sie in frisches Wasser, worin Soda aufgelöst ist, und läßt sie 24 Stunden stehen. Hernach wird das Wasser abgegossen und frisches nachgefüllt, welches am 3. oder 4. Tage wieder gewechselt werden muß.

146. **Stockfische an Rahmsauce.** Die Stockfische werden ganz nach voriger Nummer geweicht, ausgegrätet und gekocht. Dann werden etwa 80—100 gr frische Butter und 2 Löffel voll Mehl zusammen gedünstet, mit 4 dl Rahm oder Milch aufgelöst und einer Prise Salz, ein wenig Pfeffer und Muskatnuß gewürzt. Die gut abgetropften Stockfische werden hinein gegeben und nur 1—2 mal aufgekocht.

147. **Gekochte Krebse.** Die Krebse werden sauber gewaschen, der Darm heraus gezogen und erstere in einer Mischung von Wasser, 1 Glas Wein oder ein paar Löffeln Essig, 2 Löffeli voll Salz, einem Sträußchen Petersilie und nach Belieben 1 Kaffeelöffeli voll Kümmel ¼ Stunde gekocht. Die Brühe muß nur gerade darüber stehen. Die Krebse werden dann auf eine reine Serviette schön angerichtet und heiß auf den Tisch gegeben.

148. **Ragout von Froschschenkeln.** Die Schenkel werden sauber gewaschen und abgetrocknet. Dann werden 50 gr frische Butter und 1 Löffel voll Mehl zusammen gedünstet, mit einer Tasse Fleischbrühe aufgelöst, das nötige Salz, eine Prise Pfeffer, der Saft einer halben Zitrone zugefügt, eine Tasse voll Schenkel darin ¼ Stunde auf schwachem Feuer gekocht und behutsam auf eine warme Platte angerichtet.

149. **Gebackene Froschschenkel.** Die gewaschenen Froschschenkel werden mit Salz bestreut und je 2 Stück so ineinander gesteckt, daß beide dünnern Enden durch das Fleisch des dickern

Teiles kommen; so werden sie etwa $^1/_2$ Stunde liegen gelassen, dann in Backteig getaucht, in heißer schwimmender Butter gebacken und mit Petersilie belegt.

150. **Gefüllte Schnecken.** Etwa 40 gedeckelte Schnecken werden gewaschen und so lange in Salzwasser gekocht, bis sich die Deckel ablösen lassen, was etwa $^1/_4$ Stunde Zeit beansprucht. Hernach werden sie in einen Korb oder in ein Sieb geschüttet, die Deckel abgelöst, die Schnecken mit einer Gabel aus dem Häuschen genommen und die Schweifchen und braunen Häutchen entfernt. Hernach werden die Schnecken mit Salz überstreut, lauwarmes Wasser dazu gegossen und leicht heraus gewaschen. Auch die Häuschen werden gut geputzt und auf die Oeffnung gestellt, damit das Wasser abtropft. Dann werden 100 gr frische Butter, 5 Löffel voll fein geriebenes Weißbrot, eine gehackte Zwiebel, die fein verwiegte Schale einer halben Zitrone und der Saft von derselben, 2—3 Eigelb und das nötige Salz gut gemischt, dann wenig davon in die Häuschen gefüllt, in jedes eine Schnecke gebracht und mit der Fülle zugedeckt, so daß sie platt eben voll sind. Hernach wird 1 Centimeter hoch Salz in eine Bratpfanne gebracht, die Häuschen werden hineingestellt, so daß sie nicht umfallen können, und so 20 Minuten im mäßig heißen Ofen gebraten, bis sie oben eine gelbe Farbe haben. Die Schnecken werden dann auf eine schön gefaltete Serviette angerichtet und zu Sauerkraut serviert.

Gemüse.

Das Zurüsten der Gemüse und des Obstes.

Die grünen Gemüse enthalten an und für sich wenig Nährstoffe, sind aber als Beigabe zu Fleisch und Eierspeisen sehr zuträglich und nicht zu entbehren. Durch unbedachte, ungeschickte Behandlung können sie bedeutend an Gehalt einbüßen, und es ist daher wohl zu beachten, daß nur junge, zarte Gemüse zur Verwendung kommen, weil selbe saftig, leichter verdaulich und noch nahrhafter sind, als wenn sie alt, überreif und holzig geworden sind. Ferner sollten die Gemüse so frisch wie möglich verwendet werden; zu langes Herumliegen macht sie zähe, ihr Saft verdunstet, und sie verlieren viel an Wohlgeschmack. Wenn die Verhältnisse es erfordern, daß die Gemüse schon am Abend vorher zugerüstet werden müssen, so sollte sich diese Arbeit nur auf das Schälen, Schaben, Erlesen ꝛc. beschränken; das Klein schneiden sollte erst kurz vor dem Kochen geschehen. Wenn nämlich Erdäpfel, Rüben, Kohlrüben ꝛc. mehrere Stunden vorher zerschnitten im Wasser liegen müssen, so geht ihr Saft ins Wasser über, und büßen sie an Nährstoffen ein; man sollte sie immer nur als ganze Stück ins Wasser legen. Das Gleiche gilt auch von Kohl, Endivien, Suppenkräutern ꝛc., die immer nur als ganze Blätter, nie klein geschnitten, gewaschen werden dürfen. Wird das Waschen der Gemüse erst im zerkleinerten Zustand vorgenommen, so ist auch der arthafte Geruch und Saft, der den Speisen den besten Geschmack gibt, heraus gewaschen, und es würden auf diese Art nie ein saftiger Krautsalat, Bairischkraut, Kräutersuppe ꝛc. zubereitet werden können; und was noch nachteiliger ist, solche Gemüse sind auch schwerer verdaulich, weil der Magen es dann nur mit dem Fasergewebe der Pflanzen zu tun hat, das widerstandsfähiger wird durch Verlust des Saftes.

Richtig behandeltes Sauerkraut darf nie gewaschen, nicht einmal stark ausgedrückt werden, sonst geht sein bester Saft verloren, der durch kein Gewürz und kein Fett wieder ersetzt werden kann. Naturgemäß behandeltes Kraut kann ohne Schaden, selbst von Leuten mit schwachem Magen, genossen werden.

Grüne Bohnen müssen mit kochendem Wasser übergossen, kurze Zeit zugedeckt, dann so so schnell wie möglich von den Fäden befreit und wieder in anderem kochendem, gesalzenem Wasser, aber nur in so viel, als zum Weichwerden nötig ist, zum Feuer gebracht werden. Das erste Abbrühwasser nimmt den Bohnen den Schwefelgeruch, verhütet das Austreten der Eiweißstoffe und erhält die schöne grüne Farbe; auch sind die Fäden nach dem Brühen besser zu entfernen. Dürre Erbsen, Bohnen, Linsen müssen gut erlesen, schnell gewaschen, in weiches oder mit Natron versetztes Wasser gelegt und dann beim Kochen das gleiche Wasser mit den Erbsen zum Feuer gebracht werden. Wird dieses Wasser ausgegossen, so gehen auch die darin aufgelösten Eiweiß- und Stärkemehlstoffe verloren. Die Geschirre, worin diese Gemüse kochen, müssen immer recht gut geschlossen werden können, weil deren Käsestoff, wie in der Milch, gern überschäumt und verloren geht. Einmal nun ins Kochen gebracht, sollten die Geschirre immer nur auf schwaches Feuer gestellt werden, weil langsames Kochen besser zum Ziele führt. Zu bemerken ist ferner, daß alles, was warm eingelegt oder angebrüht wurde, auch wieder in warmes und was in kaltem Wasser gelegen, auch wieder mit kaltem Wasser zum Feuer gebracht werden muß. Eine Ausnahme machen nur Spinat, Mangold 2c., die nach dem Waschen in kochendes Wasser kommen müssen, damit sie ihre schön grüne Farbe beibehalten.

Zu bemerken ist noch, daß das Wasser zum Gemüsesieden stets gehörig gesalzen werden muß, bevor die Gemüse eingelegt werden, weil sonst die in denselben enthaltenen Natursalze ins Wasser treten und oft weggeschüttet werden. Diese Mineralsalze haben wir aber zur Erhaltung unseres Körpers, besonders des Knochengerüstes, absolut nötig.

Auch das Obst darf nicht in klein geschnittenen Stücken gewaschen oder ins Wasser gelegt werden, wenn es nicht seine besten Säfte einbüßen soll. Werden die Schalen zur Bereitung von Gelée verwendet, so müssen die ganzen Aepfel vorher gewaschen oder mit einem Tuch abgerieben werden.

151. **Erdäpfel zu sieden.** Die Erdäpfel werden durch 2 bis 3 Wasser sauber gewaschen, mit einer Tasse kaltem Wasser und dem nötigen Salz zum Feuer gebracht und fest zugedeckt weich gedämpft. Sollte das Wasser nicht eingekocht sein, so

wird es abgegossen, und die Erdäpfel werden noch einen Augenblick aufs Feuer gestellt. Zu viel Wasser macht die Erdäpfel schlecht und seifig; alte Erdäpfel sollten vor dem Sieden mit einem Einschnitt versehen werden, wodurch sie mehliger werden.

152. **Gebratene Erdäpfel in der Ofenröhre.** Rohe Erdäpfel werden recht sauber, durch mehrere Wasser gewaschen, dann auf ein Backblech gebracht, Salz darüber gestreut und so in den Ofen geschoben. Nach $1/_2$—1 Stunde sind sie durchgebacken und werden meistens ungeschält genossen. Alte Erdäpfel müssen vorher geschält werden.

153. **Erdäpfelstängli im Ofen gebacken.** Rohe Erdäpfel werden geschält, in fingergroße Stängli geschnitten, in eine mit Speck bestrichene Bratpfanne gebracht, mit feinem Salz bestreut, ein paar Löffel voll Wasser oder Fleischbrühe dazu gegossen und im heißen Ofen $1/_2$ 1 Stunde gebacken.

154. **Grüne Erdäpfel.** Junge, möglichst gleich große Erdäpfel werden geschabt, in Salzwasser nicht ganz weich gesotten und auf ein Sieb geschüttet. Dann wird zu einem Teller-Erdäpfel ein Löffel Butter heiß gemacht und ein gehäufter Löffel voll gehackter Petersilie und Schnittlauch darin gedünstet. Die Erdäpfel werden dann hinein gegeben, unter öfterm Umschwenken weich gedämpft und heiß serviert.

155. **Salzkartoffeln.** Roh geschälte Erdäpfel werden in Scheiben, Stängli oder in beliebige Stücke geschnitten und in hinreichend Salzwasser weich gekocht. Dann werden Butterbröckli auf eine Platte gelegt, die Erdäpfel darauf angerichtet und nach Belieben noch Butterbröckli oben drauf gebracht. Man kann auch gehackte Petersilie darüber streuen.

156. **Gedämpfte Erdäpfel.** In einer gut verzinnten Pfanne werden 1 Löffel Butter heiß gemacht, 1 Löffel voll gehackte Petersilie darin gedünstet, 1 gehäufter Teller voll roh geschälte Erdäpfelstückli mit dem nötigen Salz und 1 Glas Wasser hinein gegeben und zugedeckt weich gekocht. Hernach wird ein wenig Fleischbrühe oder auch Milch zugegossen und kurz eingekocht.

157. **Geröstete Erdäpfel.** In einer Pfanne wird 1 Löffel Butter oder gutes Fett heiß gemacht und nach Belieben etwas geschnittene Zwiebel darin gelb geröstet. Ein Teller voll gesottene und in Scheibchen geschnittene Erdäpfel werden hinein gegeben, das nötige Salz darüber gestreut und ca. 1 Minute zugedeckt gedämpft. Dann werden sie mit einem Schäufelchen geröstet, bis die Erdäpfel gelb und schön heiß sind.

158. **Berner Erdäpfel.** In einer breiten Pfanne wird ein starker Löffel Fett heiß gemacht, kleine, gleichmäßig rund geschnittene Erdäpfel werden hinein gegeben, Salz und ein wenig Pfeffer darüber gestreut und zugedeckt im Ofen oder auf glühenden Kohlen gelb und weich gebacken. Währenddem muß die Pfanne einige Mal gerüttelt werden, damit die Erdäpfel gleichmäßig gebacken werden.

159. **Saure Erdäpfel.** Ein Löffel Butter wird in der Pfanne heiß gemacht, 1 Löffel Mehl darin braun geröstet, 1 Löffel voll gehackte Zwiebeln dazu gegeben; dann werden ein paar Löffel Essig, eine halbe Tasse Fleischbrühe, das nötige Salz, ein wenig Pfeffer, 1 Lorbeerblatt und Zitronensaft zugefügt, die Sauce gut durchgekocht und durch ein Sieb in eine andere Pfanne gegossen. Hernach werden ein Teller voll gesottene, in nicht zu dünne Scheiben oder Würfel geschnittene Erdäpfel in der Sauce heiß gemacht.

160. **Gestürzte Erdäpfel.** Eine glatte runde Form wird dick mit Butter bestrichen, gleichmäßige, gesalzene Scheiben von gesottenen Erdäpfeln werden schön übereinander gelegt, hinein gegeben, so daß die Form ganz damit belegt ist. Dann werden geriebene, mit Salz, Muskatnuß, Eiern und Rahm gemischte Erdäpfel hinein gedrückt, bis die Form platt voll ist. Dieses Gericht wird im heißen Ofen schön gelb gebacken, dann einige Minuten zugedeckt stehen gelassen und hernach auf eine Platte umgestürzt.

161. **Erdäpfelstock.** 1 kgr reingewaschene und geschälte Erdäpfel werden mit hinreichend Wasser und Salz zum Feuer gebracht und weich gekocht. Hernach wird das Wasser abge-

gossen und nach Belieben zu Suppe verwendet. Die Erdäpfel werden fein verstoßen oder besser durch ein Sieb getrieben, mit einem Stück Butter wieder zum Feuer gebracht und mit Milch unter tüchtigem Rühren zur gewünschten Dicke gekocht. Dann werden sie schön angerichtet und mit gerösteten Zwiebeln und heißer Butter abgeschmälzt. Man kann auch eine beliebige Form mit Butter bestreichen und mit schönem Paniermehl bestreuen, die Erdäpfel fest hinein drücken, bis zum Gebrauch in heißes Wasser stellen und dann auf eine Platte umstürzen.

162. **Gebackene Erdäpfelkügeli.** Roh geschälte Erdäpfel werden mit einem runden eisernen Löffel ausgestochen, so daß alle gleich groß sind. (Die Reste werden zu Suppe oder Brei verwendet.) Dann werden sie auf einem Sieb abgeschwenkt, auf einem Tuch abgetrocknet, im heißen schwimmenden Fett gelb gebacken und mit feinem Salz bestreut sofort serviert.

163. **Erdäpfelkügeli anderer Art.** 1 Teller gesottene und kalt geriebene Erdäpfel werden mit dem nötigen Salz, ein wenig Muskatnuß, 3–4 gut gerührten Eiern gemischt und mit mehligen Händen baumnußgroße Kügeli daraus geformt; in heißem schwimmendem Fett gebacken, werden sie darauf frisch zu Tisch gebracht.

164. **Maluns. (Bündner Speise.)** Ein Teller voll gesottene und kalt geriebene Erdäpfel werden mit 100–150 gr Mehl und dem nötigen Salz sehr gut gemischt; dann wird in der Pfanne ein starker Löffel voll Butter heiß gemacht, die Erdäpfelmischung hinein gegeben, wohl 20 Minuten auf mäßigem Feuer geröstet und mit einer saftigen Beigabe sogleich serviert.

165. **Zuger Erdäpfel.** Eine feuerfeste Platte wird mit Butter bestrichen und eine Lage gesottene und kalt geriebene Erdäpfel hinein gegeben. Hierauf werden Salz und geriebener Käse darüber gestreut und ein paar Löffel voll Milch, mit Eiern gemischt, dazu gegossen. Dann folgen wieder Erdäpfel, Käse und Milch u. s. f. Zuletzt werden einige Bröckli Butter darauf gelegt und das Ganze im Ofen gebacken.

166. **Basler Erdäpfel.** Ein Teller voll gesottene kalte Erdäpfel werden am Reibeisen gerieben und das nötige Salz, Muskatnuß, 3 Eigelb und der Schnee der drei Eier damit vermischt. Dann wird eine feuerfeste Platte mit Butter bestrichen, ein passendes Sieb darüber gestülpt, die Erdäpfel werden durchpassiert, so daß sie ganz locker auf der Platte liegen. Der Rand der Platte wird rein abgewischt, ein paar Butterbröckli werden auf die Erdäpfel gelegt und das Ganze 1/4 Stunde in den heißen Ofen gestellt. Das Gericht wird in derselben Platte serviert.

167. **Neuenburger Erdäpfel.** Ein Löffel voll Butter wird heiß gemacht und ein großer Löffel gehackter Petersilie, Chalotten und Schnittlauch darin gedünstet; das nötige Salz und 1/2 Tasse Fleischbrühe werden beigefügt, ein Teller voll gesottene, geschälte und noch heiß in Scheiben geschnittene Erdäpfel hinein gegeben, ein wenig Zitronensaft darüber geträufelt und unter leichtem Umschwenken nochmals heiß gemacht.

168. **Erdäpfelnudeln.** Ein Teller voll gesottene und kalt geriebene Erdäpfel werden mit 1 Löffel Salz, 3—4 Eiern, Muskatnuß und nach Belieben mit geriebenem Käse gemischt, mit Mehl zu einem Teig gearbeitet und halbfingerdick ausgewalzt. Dieser wird in etwa 5 cm lange und 2 cm breite Streifchen geschnitten; in einer breiten Pfanne wird Butter heiß gemacht, die Nudeln werden neben einander hinein gelegt, 3 Löffel voll kaltes Wasser oder Fleischbrühe dazu gegossen und schnell bedeckt, bis sie unten eine gelbe Kruste haben. Dann werden sie umgewendet und auch auf der andern Seite gelb gebacken.

169. **Erdäpfelrouletten.** Ein Teller voll gesottene und geriebene Erdäpfel werden mit dem nötigen Salz, ein wenig Muskatnuß, 1—2 Eiern, nach Belieben 2 Löffeln geriebenem Käse und so viel Mehl gemischt, bis der Teig fingerdick auseinander gerieben werden kann. Von diesem werden mit einem in Mehl getauchten Trinkglas runde Stück ausgestochen,

in heißer Butter auf beiden Seiten gebraten und auf eine warme Platte schön angerichtet.

170. **Erdäpfelklöße mit Speck.** 120 gr Speckwürfeli werden heiß gemacht, 250 gr würfelig geschnittenes Brot darin gelb geröstet, dann in eine Schüssel angerichtet, ¾ kgr gesottene und kalt geriebene Erdäpfel, 3—4 Eier und das nötige Salz damit gemischt. Von dieser Masse werden mit Mehl Klöße geformt, in kochendem Salzwasser 5 Minuten gekocht, angerichtet und mit gerösteten Zwiebeln abgeschmälzt. Die Brühe wird zu Suppe verwendet. Statt sie in Salzwasser zu sieden, können die Klöße auch gleich in Butter gebacken werden.

171. **Erdäpfelküchli.** Ein Teller voll gut bereiteter Erdäpfelstock wird noch lauwarm mit 3—4 gut gerührten Eiern und, wenn nötig, mit 2—3 Löffeln Mehl gemischt, mit einem Löffel Stückli davon abgestochen, in heißer schwimmender Butter gebacken und frisch serviert.

172. **Erdäpfeleierkuchen.** In einer Pfanne werden ein Löffel Butter heiß gemacht, ein Teller voll gesottene, in Scheiben geschnittene Erdäpfel mit dem nötigen Salz hinein gegeben, unten schön gelb gebraten und dann sorgfältig umgekehrt. Dann wird ein glatter Teig von 1 Löffel Mehl, 3 Eiern und 1 Tasse Milch dazu gegossen, auf beiden Seiten schön durch und gelb gebacken und auf eine Platte umgestürzt.

173. **Erdäpfelkuchen mit Käse.** 1 kgr gesottene und kalt geriebene Erdäpfel werden mit 100—200 gr geriebenem Käse, dem nötigen Salz, ein wenig Muskatnuß und 2 Eiern gemischt, in eine Kochplatte oder Backform, welche mit Butter oder Speck bestrichen ist, gebracht und glatt gestrichen, einige Speckscheibchen oder Butterbröckli obenauf gelegt und bei guter Hitze ½ Stunde im Ofen gebacken.

174. **Gefüllte Erdäpfel mit Speck.** Möglichst gleich große Erdäpfel werden geschält, mit einem eisernen Löffeli gehöhlt und unten ein wenig glatt geschnitten, damit sie stehen können. Dann wird für 12 Erdäpfel 100 gr Brot eingeweicht, ausgedrückt, mit 100 gr Speck, einem Büschel Petersilie und einer

Zwiebel recht fein verwiegt, mit 2 Eiern, dem nötigen Salz und Muskatnuß gemischt und in die Erdäpfel gefüllt. Diese werden mit einem Deckeli versehen und alle neben einander in eine mit Speck bestrichene Bratpfanne gestellt. Hernach wird ein wenig Wasser oder Fleischbrühe zugegossen, und die Erdäpfel werden sorgfältig auf mäßigem Feuer oder im Ofen weich gedämpft. Statt dieser Fülle kann ein gutes Haschée von rohem Fleisch oder Fleischresten verwendet werden.

175. **Rübli und Erdäpfel.** Für 6 Personen wird ein gehäufter Teller geschnittene Rübli zurecht gemacht. Dann wird in einer Pfanne 1 Löffel voll gutes Fett zerlassen, die Rübli werden mit dem nötigen Salz und $^1/_2$ Tasse Wasser hinein gegeben und $^1/_4$ Stunde gekocht. Hernach wird ein gehäufter Teller voll Erdäpfelbröckli dazu gegeben, alles gut durcheinander gerüttelt und zusammen weich gekocht. Hernach wird von 1 Löffel Mehl und $^1/_2$ Tasse Milch, Rahm oder Fleischbrühe ein flüssiges Teigli gemacht, über das Gemüse gegossen und zusammen eingekocht.

Ein Stück Speck oder Fleisch mitgekocht, macht die Speise recht gut. Hat man junge Rübli, so können sie mit den Erdäpfeln aufs Feuer gebracht werden.

176. **Schnitz und Erdäpfel. (Luzerner Speise.)** Ein Teller voll süße Aepfel- oder Birnenstückli und ein Teller voll rohe Erdäpfelbröckli werden zurecht gemacht. Dann werden in einer kupfernen Pfanne ein Löffel Butter zerlassen, die Schnitz und Erdäpfel hinein gegeben, ganz wenig Wasser dazu gegossen und zugedeckt weich gekocht. $^1/_4$ Stunde vor dem Anrichten wird ein kleines Teigli von 1 Löffel Mehl und Milch oder Rahm über das Gemüse gegossen, letzteres gut durcheinander gerüttelt und saftig eingekocht. Statt frisches Obst können dürre Aepfel- oder Birnenstückli verwendet werden, und es ist in diesem Falle gut, ein Stück Speck oder Schweinefleisch damit zu kochen; Butterzusatz ist dann nicht nötig. Die Schweizerbratbirne eignet sich am besten dazu.

177. **Kastanien und Erdäpfel.** ½ kgr dürre Kastanien werden am Abend vorher mit Wasser übergossen und stehen gelassen. Am andern Morgen werden sie rein abgeschält, mit so viel Wasser, daß es handhoch darüber steht, zum Feuer gebracht, eine Prise Salz, ebenso viel Natron und ein Stück Speck oder Schweinefleisch zugefügt und die Kastanien beinahe weich gekocht. Hernach werden 1 kgr rohe Erdäpfelbröckli zugefügt, mit den Kastanien gut durcheinander gerührt und alles saftig eingekocht.

178. **Gedämpfter Köhl.** Ein schöner Kopf Köhl wird in Stücke geteilt, gewaschen und in feine Streifchen geschnitten. Hernach wird in einem passenden Topf 1 Löffel voll Butter oder Fett heiß gemacht, der Köhl mit dem nötigen Salz und einem Glas Most oder Wein hinein gegeben und fest zugedeckt auf schwachem Feuer weich gedämpft. Dann werden 1 Löffel Mehl und 1 Prise Pfeffer darüber gestreut, wenn nötig noch ein wenig Fleischbrühe zugegossen und das Ganze saftig eingekocht.

179. **Gehackter Köhl.** 2 Kohlköpfe oder ein Korb voll Schnittkohl werden sauber gewaschen in kochendes Salzwasser gebracht, schnell weich gekocht, auf ein Sieb geschüttet und fein gehackt. Dann wird in einer Pfanne ein Löffel Butter heiß gemacht, eine gehackte Chalotte darin gedünstet, der Köhl mit dem nötigen Salz, Pfeffer, einem Löffel Mehl hinein gegeben und mit Fleischbrühe zur gewünschten Dicke gekocht. Auch Spinat oder Salat kann in gleicher Weise zubereitet und in Butter gebackene Eier darauf gelegt werden.

180. **Gedämpftes Rotkraut.** Ein großer Kopf Rotkabis wird in 4 Teile geschnitten, abgeschwenkt und gehobelt oder fein geschnitten. Dann wird er mit Essig bespritzt, damit die rote Farbe sich hält. Hierauf werden in einem passenden Topf ein Löffel voll Butter oder Speck heiß gemacht, eine fein gehackte Zwiebel darin gedünstet, der Kabis mit dem nötigen Salz, eine Prise Pfeffer und ½ Glas Rotwein hinein gegeben und zugedeckt weich gedämpft. Hernach wird ein wenig Mehl

darüber gestäubt, das Ganze gut durcheinander gerührt und kurz eingekocht.

181. **Gefüllter Köhl.** Ein fester Köhlkopf wird in zwei Teile geschnitten, sehr sauber gewaschen, in kochendem Salzwasser halb weich gesotten und auf einem Sieb abgetropft. Nun wird ein Pruntruter Topf mit Butter oder Speck bestrichen und mit den auseinander gelösten Köhlblättern belegt. Ein gutes Haschée von rohem oder auch gekochtem Fleisch wird eingefüllt, dazwischen werden immer die kleinern Köhlblätter gelegt und das Ganze zuletzt mit Blättern bedeckt, so daß das Fleisch eingehüllt ist. Nun wird ein wenig Fleischbrühe dazu gegossen und der Topf fest zugedeckt $^{3}/_{4}$ Stunden in den heißen Ofen gestellt. Hernach wird das Kraut als ganzer Kopf auf eine Platte umgestürzt.

Etwas Speck mit dem Fleisch gemischt ist sehr gut.

182. **Berner Sauerkraut.** Richtig eingemachtes und sorgfältig aufbewahrtes Sauerkraut wird, ohne es stark auszudrücken oder gar zu waschen, in einem Topf zum Feuer gebracht, wenn möglich ein Stück dürrer Speck oder Schweinefleisch dazu gelegt, auf 2 kgr Kraut eine Tasse Wasser oder Fleischbrühe und ein Glas Wein oder Most dazu gegossen und zugedeckt recht weich gekocht. Nach Belieben kann ein kleines Teigli von Wein und Mehl $^{1}/_{4}$ Stunde vor dem Anrichten mit dem Kraut gemischt werden.

183. **Spinatpudding.** Ein Teller voll gekochter, verwiegter und in Butter abgedämpfter Spinat wird mit 4–6 Eiern, dem nötigen Salz und Muskatnuß gemischt. Dann wird eine Puddingform mit Butter bestrichen und nach Belieben mit Scheibchen oder Streifchen von Carotten oder auch ganz kleinen Würstchen verziert. Der Spinat wird sorgfältig hinein gebracht, die Form gut zugedeckt in heißes Wasser und damit in den Ofen gestellt und so etwa $^{1}/_{2}$ Stunde gedämpft. Der Spinat muß sich fest anfühlen lassen; so lange das nicht der Fall ist, wird er noch länger gedämpft. Der dann behutsam

umgestürzte Spinat wird mit Buttersauce oder mit einer saftigen Fleischbeilage serviert.

184. **Rosenkohl.** 1 kgr schön geschlossene Röschen werden gereinigt, im strudelnden Salzwasser schnell (nicht zu weich) gekocht, auf ein Sieb geschüttet und abgeschwenkt. Dann werden in einer Pfanne 60 gr frische Butter zerlassen, die Röschen mit dem nötigen Salz und Muskatnuß hinein gegeben, mehrmals umgeschwenkt und heiß gemacht. Man kann den weich gekochten Rosenkohl auch in einer Buttersauce nochmals aufkochen.

185. **Blumenkohl an Buttersauce.** Ein schöner Kopf Blumenkohl wird gereinigt, einige Zeit in Salzwasser gelegt, damit sich allfällig vorhandenes Ungeziefer heraus zieht, dann in kochendem Salzwasser sorgfältig weich gekocht und samt der Brühe vom Feuer gestellt. Nachher werden 80 gr frische Butter und 2 Löffel voll Mehl zusammen gedünstet, eine Tasse Milch oder Fleischbrühe dazu gegossen, das nötige Salz und ein wenig Muskatnuß beigefügt, nach Belieben mit 1 bis 2 Eigelb gemischt und heiß über den schön angerichteten Blumenkohl gegossen oder extra dazu serviert.

186. **Gebackener Blumenkohl.** Ein schön weich gekochter Blumenkohl wird auf den glatt abgeschnittenen Strunk in eine feuerfeste, mit Butter bestrichene Platte gestellt. Dann werden in einer Messingpfanne ein Löffel voll Mehl mit Milch glatt gerührt, 2 Eigelb, 1 Tasse Milch, ein Stückchen Butter, eine Prise Muskatnuß zugefügt, auf dem Feuer zu einem glatten, dicklichen Brei gekocht, schnell über den Blumenkohl gestrichen, nach Belieben mit geriebenem Käse bestreut und das Ganze im heißen Ofen gelb gebacken.

187. **Kohlraben an Buttersauce.** Junge Kohlraben werden geschält, in kleine Scheibchen geschnitten, die Herzblättchen werden an ein Büschel gebunden, alles in Salzwasser weich gesotten und nachher abgetropft. Dann werden zu einem Teller Kohlraben 50 gr Butter und ein Löffel voll Mehl gedünstet, mit $^1/_2$ Tasse Fleischbrühe oder dem Siedewasser aufgekocht. Nach-

dem Salz und Muskatnuß zugefügt sind, werden die Kohlraben darin heiß gemacht, auf eine warme Platte angerichtet und die gehackten, mit ein wenig Butter gedünsteten Herzblättchen in die Mitte gelegt.

188. **Gebratene Kohlraben.** Die weich gekochten und abgetropften Kohlrabenscheiben werden in heißer Butter oder in Fett, worin eine Zwiebel gedünstet ist, gebraten, bis sie schön heiß sind, und dann zu gesottenem oder gebratenem Fleisch serviert.

189. **Gefüllte Kohlraben.** Die Kohlraben, welche noch jung und möglichst gleich groß sein müssen, werden geschält, mit einem eisernen Löffeli gehöhlt und in Salzwasser halb weich gekocht. Die Herzblättchen und ein Teil des Ausgehöhlten werden gehackt, mit Salz, Muskatnuß, saurem Rahm und Eiern gemischt, in Kohlraben gefüllt und alle neben einander in eine mit Butter bestrichene Bratpfanne gestellt. Dazu wird 2 cm hoch Fleischbrühe oder Bratensaft gegossen und das Ganze fest zugedeckt weich gedämpft. Statt dieser Fülle kann ein gutes Haschée von rohem oder gekochtem Fleisch verwendet werden.

190. **Spargeln an Buttersauce.** 1 kgr frisch gestochene Spargeln werden geschabt, gewaschen, je 4—6 Stück in Büschelchen gebunden, das Ungerade unten abgeschnitten und in siedendem Salzwasser weich gekocht. Hernach werden die Schnüre aufgelöst, auf einer reinen Serviette in eine Platte so angerichtet, daß alle Köpfe einwärts stehen. Nun werden 2 mäßige Löffel Mehl mit kaltem Wasser glatt gerührt, 2 Löffel voll Weißwein oder Essig, 2 Eigelb, 60 gr frische Butter, das nötige Salz, eine Prise Muskatnuß und eine Tasse Fleischbrühe zugefügt, die Pfanne aufs Feuer gestellt und das Ganze unter beständigem Rühren heiß gemacht. Diese dickliche, jedoch nicht breiige Sauce wird zu den Spargeln extra serviert.

191. **Gedämpfte Spargeln.** 1 kgr unansehnlich gewordene Spargeln werden gewaschen, geschabt und, soweit sie nicht holzig sind, in etwa 2 cm große Stückli geschnitten. Dann wird in

einem passenden Topf ein guter Löffel voll Butter heiß gemacht, die Spargeln werden mit dem nötigen Salz und $^1/_2$ Tasse Fleischbrühe hinein gegeben und zugedeckt weich gedämpft. Hernach wird ein Löffel voll Mehl darüber gestäubt, das Ganze mit Muskatnuß und nach Belieben mit Zucker gewürzt und saftig eingekocht.

193. **Grüne Erbsen mit Carotten.** Junge kleine Carotten (rote Rübli) werden mit Salz abgerieben, größere in Stängli oder Scheibchen geschnitten. Dann wird in einer Pfanne ein Stück Butter heiß gemacht, nach Belieben grünes, gehacktes Gewürz (z. B. Petersilie) darin gedünstet, die Rübli hinein gegeben, das nötige Salz zugefügt und gut zugedeckt einige Minuten gedämpft. Hierauf werden die ausgehülsten frischen Erbsen hinein gegeben, durcheinander geschüttelt und weich gedämpft. Man kann noch ein wenig Mehl darüber stäuben, ein paar Löffel Fleischbrühe zugießen, dann kurz einkochen und auf eine warme Platte anrichten.

194. **Bohnen.** Noch ganz junge Bohnen werden von den Fäden befreit, entzwei gebrochen und mit kochendem Wasser übergossen. Dann werden in einer Pfanne 1–2 Löffel voll Butter heiß gemacht, ein Kaffeelöffeli gehackter Knoblauch und ein Löffel voll Mehl darin gedünstet, $^1/_2$ Liter heißes Wasser, die Bohnen, das nötige Salz und ein wenig geschnittenes Bohnenkraut hinein gegeben und zugedeckt weich gedämpft.

Sind die Schotten schon älter und voll Bohnen, so werden sie in 1–2 cm große Stückli geschnitten, damit die Fäden besser zu entfernen sind. Dürre und Salzbohnen werden gleich gekocht, nur mehrere Stunden vorher gewässert.

195. **Dürre Bohnen.** Ausgehülste Bohnen werden gewaschen und für mehrere Stunden in „weiches" Wasser gelegt. Hernach werden sie mit dem nötigen Salz, 1 Messerspitze voll Natron und so viel Wasser, daß die Bohnen gut handhoch damit bedeckt sind, zum Feuer gebracht und, gut zugedeckt, weich gekocht. Dann wird ein Stück Butter zugefügt, ein wenig Mehl darüber gestäubt und nach Belieben einige Löffel

voll Essig dazu gegossen, das Ganze gut durcheinander gerüttelt und eingekocht. Für schwache Magen müssen die Bohnen durch ein Sieb getrieben werden. Kann ein Stück dürres Fleisch oder Speck mitgekocht oder etwas Fleischbrühe oder Bratensaft beigegeben werden, so wird das Gericht um so kräftiger. (Sehr billig und nahrhaft.)

196. **Erbsenbrei.** Wenn die dürren Erbsen oder auch Bohnen, wie in voriger Nummer angegeben, weich gekocht sind, so werden sie durch ein Sieb getrieben und nochmals zum Feuer gebracht. Das nötige Salz und ein Stück Butter werden zugefügt und das Ganze mit Milch oder Fleischbrühe zur gewünschten Dicke gekocht. Man kann diesen Brei auch mit gerösteten Zwiebeln bestreuen und noch etwas heiße Butter darüber gießen.

197. **Schwarzwurzeln an Buttersauce.** Schwarzwurzeln, welche möglichst wenig gebrochen sein dürfen, weil sonst der milchige Saft verloren geht, werden sorgfältig geschabt und in Wasser gelegt, worin etwas Milch oder Essig gemischt ist, damit sie weiß bleiben. Kurz vor dem Kochen werden sie in kleine Stängli geschnitten, in Salzwasser weich gesotten und zum Abtropfen auf ein Sieb geschüttet. Dann dünstet man in einer gut verzinnten Pfanne 30—50 gr frische Butter mit 2 kleinen Löffeln Mehl, löst dieses mit einer Tasse Milch oder Fleischbrühe auf, fügt ein wenig Muskatnuß und das nötige Salz hinzu und kocht die Wurzeln darin auf. Wenn süßer Rahm oder 1—2 Eigelb dazu verwendet werden können, so wird das Gericht natürlich feiner.

198. **Gebackene Schwarzwurzeln.** Ein Teller voll von den schönsten Schwarzwurzeln wird gereinigt, nicht zu weich gekocht, in fingergroße Stückli geschnitten, in Backteig getaucht, in heißer schwimmender Butter gebacken, aufgehäuft und mit Petersilie garniert zu Tisch gebracht.

199. **Rübli an Buttersauce.** In einer Messing oder verzinnten Kupferpfanne werden 50 gr frische Butter und 2 kleine Löffel voll Mehl zusammen gedünstet, eine kleine Tasse Fleisch-

brühe, ein wenig Zitronensaft und eine Prise Pfeffer zugefügt; dann werden 1 kgr kleinwürfelig geschnittene, mit wenig Wasser weichgedämpfte Rübli hinein gegeben, einige Minuten gekocht und dann heiß serviert.

200. **Gedämpfte Rübli** 1 kgr gereinigte gelbe Rüben werden geschabt und in längliche Stückli geschnitten. Dann wird in einer Pfanne 1 Löffel voll Butter heiß gemacht, die Rübli werden mit dem nötigen Salz hinein gegeben, nach Belieben gestoßener Kümmel darüber gestreut und fest zugedeckt unter öfterm Umrütteln weich gedämpft. Hernach wird ein wenig Mehl darüber gestäubt, $1/2$ Glas Fleischbrühe dazu gegossen und das Gericht nach einigen Minuten angerichtet.

201. **Carottenmus.** Große rote Carotten werden geschabt, gewaschen, in gesalzenem Wasser weich gekocht und gut verstoßen oder durch ein Sieb getrieben. Der Brei wird hernach mit einem Stück Butter wieder zum Feuer gebracht, das nötige Salz, Muskatnuß und ein wenig Mehl werden darüber gestreut und mit Fleischbrühe zur gewünschten Dicke gekocht. Zu geräuchertem Fleisch passend.

202. **Gebratene Rübli.** Gelbe Rübli werden gereinigt, in Salzwasser weich gekocht, dann geschält und in Scheibchen geschnitten. Hierauf wird in einer Pfanne Butter oder Fett heiß gemacht, die Rübli mit dem nötigen Salz und nach Belieben ein wenig gestoßenem Kümmel werden hinein gegeben, gut geröstet und auf eine warme Platte angerichtet.

203. **Carottenkompott.** 100 gr Zucker, 1 Tasse Wasser, $1/2$ Glas Weißwein, einige Gewürznelken und ein Stück Zitronenschale werden zusammen heiß gemacht, ein Teller voll geschabte und in beliebige Stückli geschnittene Carotten hinein gegeben und sorgfältig weich gekocht. Hernach werden sie mit einer Schaumkelle angerichtet und der noch dicklich eingekochte Saft darüber gegossen, Nelken und Zitronenschale jedoch entfernt.

204. **Weiße Luzerner Rüben.** Die weißen Herbstrüben werden geschält und gehobelt, so daß stiftenartige Stückli entstehen. So werden sie in Salzwasser weich gekocht und auf

ein Sieb geschüttet. Dann werden in einer Pfanne ein starker Löffel voll Fett oder Speckwürfeli heiß gemacht, eine gehackte Zwiebel damit gedünstet, ein Teller voll gut abgetropfte Rüben mit dem nötigen Salz hinein gegeben und $^1/_2$ Stunde gebraten. Dieses Gericht ist zu gesottenem und gedämpftem Rindfleisch sehr gut.

205. **Gehobelte Bodenrüben.** 2 Stück große gelbe Bodenrüben (Unterkohlraben) werden geschält, gehobelt, in Salzwasser weich gesotten und auf ein Sieb geschüttet. Dann werden in der Pfanne 2 Löffel Speckwürfeli und 1 geschnittene Zwiebel gelb geröstet, die abgetropften Rüben hinein gegeben und gebraten, bis sie durch und durch heiß und kräftig sind.

206. **Bodenrüben anderer Art.** Die geschälten und gehobelten oder in dünne Scheibchen geschnittenen Rüben werden mit heißem Wasser übergossen, dann in einen passenden Topf gebracht, das nötige Salz, $^1/_2$ Liter heißes Wasser oder Fleischbrühe und 1 Stück dürrer Speck oder Fleisch hinein gegeben und fest zugedeckt weich gedämpft. 10 Minuten vor dem Anrichten wird ein kleines Teigli von 1 Löffel Mehl und Milch oder Fleischbrühe mit den Rüben gemischt und das Ganze saftig eingekocht.

207. **Zwiebelpüréen.** $^1/_2$ kgr große Zwiebeln werden geschält, in Salzwasser recht weich gekocht und durch ein Sieb getrieben. Das Durchgetriebene wird dann mit einem Stück Butter, 1 Löffel voll Mehl, einer halben Tasse Rahm und einer Prise weißem Pfeffer zum Feuer gebracht und zur gewünschten Dicke eingekocht.

208. **Rhabarberkompott.** Die dicken Stengel der Rhabarberblätter werden geschält und in 2—3 cm lange Stücke geschnitten. Hernach wird in der Pfanne etwa 250 gr Zucker mit einer Tasse Wasser gut durchgekocht, nach Belieben gewürzt, eine Partie Rhabarberstückli hinein gegeben, 10—15 Minuten darin gekocht, mit der Schaumkelle wieder herausgezogen und in eine Schüssel angerichtet u. s. w. Der Saft wird zuletzt noch dicklich eingekocht und über die Rhabarber gegossen.

Eine andere Art. Die ganz ohne Wasser weich gekochten Rhabarberstengel werden durch ein Sieb gestrichen, mit dem nötigen Zucker gemischt, nach Belieben gewürzt und warm serviert.

209. **Gewöhnliches Aepfelmus.** 1 kgr säuerliche Aepfel werden geschält, vom Kernhaus befreit, mit einem Stückchen Butter und einem Glas Wasser zum Feuer gebracht und recht weich gekocht. Hernach werden sie recht gut verstoßen und wieder zum Feuer gebracht, ein Teigli von 2—3 Löffeln voll Mehl und Milch oder Rahm damit gemischt und mit Milch zur gewünschten Dicke gekocht. Die Säure der Aepfel kann mit einem Zusatz von geriebenen Erdäpfeln gemildert werden. Das angerichtete Apfelmus wird mit in Butter gerösteten Brosamen bestreut.

210. **Aepfelmus von Backobst.** 1 kgr dürre saure Aepfelstückli werden sauber abgeschwenkt, mit dem nötigen Wasser recht weich gekocht und durch ein Sieb getrieben. Die übrige Behandlung nach voriger Nummer.

211. **Süßes Aepfelmus.** Ein gehäufter Teller voll geschälte säuerliche Aepfel werden mit ganz wenig Wasser recht weich gekocht, der nötige Zucker, 1 Kaffeelöffeli voll Zimmet und nach Belieben ein wenig Zitronensaft damit gemischt und zu einem feinen Brei gerührt, angerichtet, nach Belieben verziert und zu gebratenem Fleisch oder zu Mehlspeisen serviert. Dieses Mus kann auch als Torten- oder Kuchenfülle verwendet werden.

212. **Saure Aepfelstückli.** Die Aepfel werden geschält, in 4—8 Stückli geschnitten und abgeschwenkt. Dann wird in einer Pfanne ein Stück Butter heiß gemacht, die Aepfelstückli werden mit ½ Glas Wasser, dem nötigen Zucker, einer Prise Zimmet hinein gegeben und weich gekocht. Kann statt Wasser Wein oder guter Most beigegeben werden, so wird die Speise kräftiger.

Dürre Aepfelstückli werden in gleicher Weise gekocht, nur müssen sie einige Zeit vorher im Wasser eingeweicht und auch mit mehr Wasser gekocht werden.

213. **Süße Aepfelstückli.** 1 kgr süße Aepfel werden in Stücke geschnitten und Blüte und Kernhaus entfert. Dann wird

in einer Kupferpfanne ein Stück Butter heiß gemacht, die Stückli werden hinein gegeben, eine Tasse Wasser dazu gegossen, eine Prise Zimmet darüber gestreut und zugedeckt weich und saftig eingekocht. Dürre Stückli werden gleich bereitet, nur vorher eingeweicht und mehr Wasser dazu geschüttet. Besser wird das Obst, wenn vorher in der Pfanne ein oder mehr Löffel voll Zucker gelb geröstet, mit dem betreffenden Wasser aufgelöst und die Stückli darin weich eingekocht werden.

Birnenstückli werden wie oben bereitet.

214. **Gebratene Aepfel.** Säuerliche Aepfel werden geschält, das Kernhaus mit einem runden eisernen Löffeli heraus gestochen, nußkerngroß frische Butter, eine Messerspitze voll Zucker und eine Prise Zimmet in die leere Höhlung gefüllt. Alle Aepfel werden dann neben einander in eine Bratpfanne oder auf ein Backblech gestellt, ½ Glas Wein oder Most dazu gegossen und so im heißen Ofen weich gebraten. Sie müssen aber ganz bleiben, was schon bei der Auswahl der Aepfel berücksichtigt werden muß. Hernach werden sie mit einem Schäufelchen behutsam angerichtet und mit Zucker bestreut, warm serviert.

215. **Aepfelkompott.** Schöne, säuerliche Aepfel werden geschält und in 2 Stücke geschnitten, das Kernhaus mit einem eisernen Löffeli heraus gehoben und die Schnitze sogleich in kaltes Wasser gelegt, damit sie weiß bleiben. Dann werden in einer Messingpfanne ½ Liter Wasser und ½ Liter Weißwein kochend gemacht, der nötige Zucker, ein Stengli Zimmet, 5 Gewürznelken und ein Stück Zitronenschale zugefügt, so viel Schnitze als neben einander Platz haben hinein gegeben und sorgfältig weich gekocht, damit sie ganz bleiben. Hernach werden sie mit der Wölbung nach oben in eine Schüssel geordnet, nach Belieben mit länglich geschnittenen Mandeln gespickt, der dicklich eingekochte Saft wird darüber gegossen und das Gericht kalt oder warm serviert.

216. **Gebackenes Aepfelmus.** Eine feuerfeste Platte wird mit Butter bestrichen, süßes Aepfelmus darin angerichtet und schön glatt gestrichen. Dann werden 3–4 Eiweiß zu festem

Schnee geschlagen, mit fein gestoßenem Zucker gemischt, auf das Mus gestrichen, 5—10 Minuten in den heißen Ofen gestellt und in gleicher Platte serviert. In derselben Weise kann auch Mus von andern Obstsorten gebacken werden.

217. **Aepfelrösti mit Brot.** Für 6 Personen werden 1 kgr säuerliche Aepfel geschält und gehobelt oder fein geschnitten; $^3/_4$ kgr Brot wird in feine Scheibchen zerschnitten. Dann wird in einer Pfanne 1 Löffel voll Butter heiß gemacht, die Aepfel werden hinein gegeben, mit dem Brot bedeckt, 1—3 Löffel voll gestoßener Zucker darüber gestreut, der Pfannendeckel aufgelegt und auf schwachem Feuer 5—10 Minuten gedünstet. Hernach wird alles mit einem Schäufelchen gekehrt und geröstet, bis Aepfel und Brot weich und gut durcheinander gemengt sind. (Eine Lieblingsspeise der Kinder.)

218. **Gebackenes Brot mit Aepfeln.** (Ofenschlupfer.) Aepfel und Brot werden wie oben zugerüstet. Dann wird in einer feuerfesten Platte 1 Löffel Butter heiß gemacht, Aepfel und Brot abwechselnd lagenweise hinein gegeben und nach Belieben Zucker und Rosinen dazwischen gestreut. Nun werden 3—4 Eier und eine Tasse Milch miteinander gemischt, über das Brot gegossen und bei mäßiger Hitze $^1/_2$ Stunde im Ofen gebacken. Statt Aepfeln kann auch Beerenobst oder Steinobst verwendet werden.

219. **Reis mit Aepfeln gebacken.** 400 gr Reis wird erlesen, gewaschen, in Salzwasser weich gekocht und auf ein Sieb geschüttet. In einer feuerfesten Platte wird ein Löffel voll Butter geschmolzen, eine Lage Reis, hierauf eine Lage fein geschnitzelte saure Aepfel, dann wieder Reis hinein gegeben. Nun werden 3—4 Eier mit einer Tasse Milch gemischt, über den Reis gegossen und im heißen Ofen oder auf glühenden Kohlen $^1/_4$ Stunde gebacken. Zucker nach Belieben.

220. **Birnenmus.** 1 $^1/_2$ kgr ganz rohe Birnen werden geschält, in Stücke geschnitten, mit wenig Wasser recht weich gekocht und durch ein Sieb getrieben oder gut verstoßen. Dann werden 2—3 Löffel voll Mehl mit Milch oder Rahm glatt

gerührt, mit dem Mus vermischt, ein Stück Butter beigegeben und mit Milch zur gewünschten Dicke eingekocht; angerichtet, wird das Mus mit gelb gerösteten Brosamen bestreut.

221. **Birnenkompott.** Mittelgroße Birnen werden, nachdem die Stiele zur Hälfte abgeschnitten und weiß geschabt sind, gewaschen, geschält und in Wasser gelegt. Die Schalen werden mit genügend Wasser recht durchgekocht und über einem Sieb ausgedrückt. In diesem Wasser werden die Birnen weich gekocht wie beim Aepfelkompott, nur kann man den Wein weglassen, auch bei den Aepfeln, wenn die Brühe durch das Auskochen der Schalen kräftig wird.

Die Birnen werden mit aufwärts gerichteten Stielen angerichtet in der Form einer Pyramide.

222. **Zwetschgenkompott.** Schöne ganze Zwetschgen werden mit kochendem Wasser angebrüht, nach 2 Minuten heraus genommen und sorgfältig geschält. Dann werden halb Wasser, halb Weißwein mit dem nötigen Zucker zum Feuer gebracht, die Zwetschgen auf einem Sieb darin 2 3 mal aufgekocht, behutsam angerichtet und der eingekochte Saft darüber gegossen.

223. **Dürre Zwetschgen.** $^1/_2$ kgr Zwetschgen wird gewaschen, mit einer Tasse Wasser, einem halben Glas Wein, dem nötigen Zucker, einem Stück Zimmet zum Feuer gebracht und weich gekocht.

D ü r r e K i r s c h e n werden in gleicher Weise zubereitet.

224. **Obstcharlotte mit Brotscheiben.** Eine Gugelhopfform oder auch ein kleines, tiefes Pfännchen wird mit Butter bestrichen, mit Zucker bestreut und exakt mit passend zugeschnittenen Brotscheiben ausgelegt. Dann werden ein Teller voll kleine Aepfelschnitzli, ausgesteinte Kirschen oder Zwetschgen oder auch Beerenfrüchte lagenweise hineingebracht, Zucker, Zimmet, Rosinen und je nach Art geriebene Mandeln oder Nußkerne und geriebenes Brot dazwischen gestreut, mit Brotscheiben bedeckt und im Ofen $^1/_2$ Stunde gebacken, dann umgestürzt und mit Obst- oder Weinsauce serviert.

225. **Kompott aus Beerenfrüchten.** Ein Teller voll Erdbeeren, Himbeeren, Heidelbeeren, Johannisbeeren, Stachelbeeren ꝛc. werden sauber erlesen und auf einem Sieb abgeschwenkt. Dann wird halb so schwer Zucker als die Früchte sind, mit 1—2 Gläsern Wasser zu mäßigem Feuer gebracht und 10 Minuten gekocht. Die Früchte werden auf einem passenden Sieb hinein gegeben und je nach Art 2—15 Minuten gekocht, hernach in eine Schüssel angerichtet und der Saft darüber gegossen.

226. **Heidelbeermus.** Schön reife ausgelesene Heidelbeeren werden mit dem nötigen Zucker und einem Stück Zitronenschale gekocht, bis sie breiig weich sind. Hernach wird eine Untertasse voll Brotwürfeli in Butter gelb geröstet, in die bestimmte Schüssel angerichtet und der Brei darüber geschüttet. Man kann das Brot auch weglassen und ein kleines Mehlteigli mit dem Brei verkochen.

227. **Gebratene Kastanien.** Frische Kastanien werden mit einem kleinen Einschnitt versehen, auf ein Backblech in den Ofen gebracht, zuweilen gerüttelt und so weich gebraten. Besser werden sie über glühenden Kohlen auf einem Rost gebraten; es kann eine abgenützte Eisenpfanne hiezu guten Dienst leisten.

228. **Glacierte Kastanien.** Die frischen Kastanien werden so lange im Wasser gekocht, bis sich beide Schalen ablösen lassen. Dann wird ein Löffel voll Butter zerlassen, 2 Löffel voll gestoßenen Zucker werden darin gelb geröstet, ½ kgr Kastanien und ein Schöpflöffel voll Fleischbrühe zugegeben und so zugedeckt unter öfterm Rütteln weich gedämpft. Dürre Kastanien werden am Abend vorher in weiches Wasser gelegt, am Morgen rein geschält und dann in hinreichend Wasser beinahe weich gekocht und wie oben verwendet.

229. **Dürre Kastanien.** 1 kgr Kastanien werden am Abend vorher in kaltes, weiches Wasser gelegt und zugedeckt stehen gelassen. Am andern Tag lassen sich die Häute leicht ablösen. Hernach werden sie in passendem Topf zum Feuer gebracht, und nachdem ein Stückli Butter, eine Prise Salz und

so viel Wasser dazu gegossen ist, daß es gut darüber steht, fest zugedeckt und weich gekocht. Nachher wird ein kleines Teigli von 1 Löffel Mehl und Milch oder Weißwein zugegossen, nach Belieben Zucker darüber gestreut, das Ganze sorgfältig umgerüttelt und saftig eingekocht.

230. **Durchgetriebene Kastanien.** Wie oben weich gekochte Kastanien werden durch ein Sieb oder eine Maschine gleich auf die bestimmte Platte getrieben und mit Zucker bestreut serviert.

Salate.

Die Salate sind als Beigabe zu sehr nahrhaften Speisen recht zuträglich, weil sie, wenn mäßig sauer, die Magenfunktionen unterstützen. Sehr saure, scharfe Salate zu wenig nahrhaften Gerichten genossen, sind schädlich, weil sie den Magen zu stark angreifen und die Verdauung stören können.

Das dazu verwendete Oel, Speck oder Butter muß wohlschmeckend, der Essig nicht zu scharf von Most oder Wein bereitet, und die Gewürze, Salz, Pfeffer, Senf rc., sparsam angewendet sein. Immer sollen zuerst die Gewürze mit dem Oel gut gemischt, dann der Essig nicht zu reichlich zugegossen und dann erst mit dem Salat vermengt werden.

231. **Kopfsalat.** Schöne Köpfe Salat werden entblättert, exakt gewaschen, gut ausgeschwenkt, mit Salz, Pfeffer, Essig und Oel gemischt und bald darauf verwendet.

232. **Specksalat.** In der Pfanne werden etwa 2 Löffel voll Speckwürfeli schön gelb geröstet, 2—3 Löffel voll Essig dazu gegossen, aber nicht gekocht. In der Schüssel wird der gewaschene Kopfsalat mit Salz und Pfeffer bestreut, der Essig mit dem Speck darüber geschüttet und gut gemengt.

233. **Nüßli- oder Feldsalat.** Noch junger, zarter Feldsalat wird sauber gewaschen, abgetropft und wie Kopfsalat bereitet.

234. **Kraut- oder Kohlsalat.** Ein Kohlkopf wird in zwei bis vier Stücke geteilt, sauber gewaschen und gehobelt oder fein geschnitten, dann mit gehackten Zwiebeln, Salz, Pfeffer, Oel und Essig gemischt.

235. **Warmer Krautsalat.** In der Pfanne werden zwei Löffel voll Speckwürfeli gelb geröstet, der nötige Essig dazu gegossen, der geschnittene Kohl hinein gegeben, Salz und Pfeffer darüber gestreut und zugedeckt 5—10 Minuten gedünstet. Gegen das Frühjahr, wenn der Kohl oder Kabis nicht mehr so saftig ist, empfiehlt sich diese Methode besonders. Auch Rotkabis kann derart verwendet werden.

236. **Endiviensalat.** Hübsch gelbe Endivienköpfe werden sehr sauber gewaschen, schräg in schmale Streifchen geschnitten und mit Salz bestreut. Dann wird in einer Schüssel ein halbes Kaffeelöffeli voll Tafelsenf mit 2 Löffel Salatöl glatt gerieben, eine Messerspitze gestoßener Zucker, eine Prise Pfeffer und 3 Löffel voll Essig damit gemischt, der Salat beigegeben, vermengt und nach $^{1}/_{4}$ Stunde zu Tisch gebracht.

Salat von Löwenzahnblättern wird ebenso bereitet.

237. **Zwiebelsalat.** Die ganzen Zwiebeln werden in Salzwasser nicht zu weich gekocht, gut abgetropft, geschält, in Streifen oder Ringli geschnitten und in üblicher Weise mit Salz, Pfeffer, Senf, Essig und Oel gemischt.

238. **Gurkensalat.** Die Gurken werden geschält, der Länge nach in zwei Teile geschnitten, das Kernhaus mit einem Löffel heraus genommen, das Uebrige fein geschnitten oder gehobelt und nach Belieben ausgepreßt. Dann wird Essig, Oel, Salz und Pfeffer damit gemischt und der Salat mit Schnittlauch bestreut.

239. **Randensalat.** Nicht zu große, schön dunkelrote Randen werden sauber gewaschen, als ganze Stücke im Salzwasser weich gesotten, geschält und dann in schöne Scheiben geschnitten. Hierauf werden sie noch warm mit Salz, Pfeffer, Essig und Oel gemischt.

240. **Pastinaksalat.** Dieser wird ebenso zubereitet. Wenn ein wenig Saft von Randen damit vermengt werden kann, färben sich die Pastinak schön rosarot.

241. **Kressesalat.** Noch ganz junge Gartenkresse wird exakt erlesen und wie anderer Salat mit Salz, Pfeffer, Oel und Essig gemischt. Am besten paßt die Kresse zur Mischung mit Erdäpfelsalat.

242. **Rüblisalat.** Die Rübli oder Carotten werden sauber gewaschen, in Salzwasser weich gesotten, dann geschält, in Scheibchen geschnitten und mit Salz, Pfeffer, Oel und Essig gemischt.

243. **Selleriesalat** wird ganz gleich wie Rüblisalat gemacht und nach Belieben mit andersfarbigem Salat in die Schüssel geordnet.

244. **Bohnensalat.** Ganz junge Bohnen ohne Fäden werden gereinigt, in kochendem Salzwasser weich gesotten und auf ein Sieb geschüttet. Dann wird ein Kaffeelöffeli voll fein gehacktes Bohnenkraut oder Estragon mit Salz, Pfeffer, Oel, Essig und gehackten Zwiebeln vermischt, mit den Bohnen vermengt und frisch serviert. Man kann die Salatschüssel mit einer angeschnittenen Knoblauchzwiebel einreiben und die Zwiebeln weglassen.

245. **Erdäpfelsalat.** Ein Teller voll gesottene und noch warme Erdäpfel werden in Scheibchen geschnitten, mit gehackten Zwiebeln, dem nötigen Salz und Pfeffer gemischt, mit 3 Löffeln Oel und ebenso viel Essig vermengt, mit gehacktem Schnittlauch und Petersilie bestreut und noch warm serviert. Statt Zwiebeln kann junge Gartenkresse oder geriebener Rettig damit gemischt werden.

246. **Rettigsalat.** Die Rettige werden geschabt, am Reibeisen gerieben, mit geriebenen Chalotten, Salz, Pfeffer, Oel und Essig gemischt.

247. **Monatrettige** können gleich bereitet werden. Schöner sind sie, wenn man sie nur halb schält und zwar in der Richtung von der Wurzel zum halb abgeschnittenen Kraut und die

Schalen daran läßt. So sehen sie aus wie eine Blume. Das innere Mark wird dann noch kreuzweise eingeschnitten, das Ganze mit Salz und Pfeffer bestreut, mit Essig bespritzt und so als Garnitur zu gesottenem oder kaltem Fleisch verwendet.

248. **Salat von gekochtem Rindfleisch.** Gekochtes Rindfleisch wird in kleine Scheibchen oder Würfeli geschnitten, mit Salz, Pfeffer, Essig und ein wenig Fleischbrühe gemischt und etwa 1 Stunde stehen gelassen. Hernach werden gehackte Petersilie, Zwiebeln, Estragon und Oel damit vermengt und mit hartgesottenen Eiern oder Radieschen garniert.

249. **Husarensalat.** Ein Suppenteller gute Fleischreste, frische geschälte oder eine Tasse voll eingemachte Gurken, 4—6 mittelgroße, gekochte und geschälte Erdäpfel, 2 große, geschälte Zwiebeln, 3—4 hartgesottene Eier werden in dünne Scheibchen geschnitten oder auch gehackt, mit 1 Kaffeelöffeli Tafelsenf, dem nötigen Salz, Pfeffer, Essig und Oel gemischt und nach einer Stunde verwendet.

250. **Reinacher Käsesalat.** 1/4 kgr guter Käse wird in dünne Scheibchen geschnitten, mit gehackten Zwiebeln, Salz, Pfeffer, Essig und Oel gemischt und sogleich verwendet.

Konserven.

Konserven von Obst und Gemüse.

Konservieren heißt haltbar, dauerhaft machen. Um dieses gehörig bewerkstelligen zu können, müssen wir uns einige Kenntnisse aus der Naturwissenschaft zu eigen machen. Alle unsere Lebensmittel gehen nach kürzerer oder längerer Zeit in Verwesung und Fäulnis über, wenn sie nicht zur richtigen Zeit verwendet und verbraucht werden. Es ist der Sauerstoff und die Feuchtigkeit in der Luft, welche nach und nach alles Lebende in Gärung bringen und dann zersetzen. Um diesen Zerstörungsprozeß zu hemmen, können wir in der Küche ganz unschädliche Mittel anwenden, welche dem Zweck der Ernährung keinen Abbruch tun. Wir müssen also:

a) Das die Fäulnis befördernde Wasser in den Lebensmitteln eintrocknen, einkochen;

b) die Luft, die zersetzen hilft, absperren;

c) die Temperatur herabsetzen, und

d) Stoffe zusetzen, welche die Fäulnis hemmen.

a) Die zur Fäulnis sich neigende Flüssigkeit in den Lebensmitteln eintrocknen, einkochen. Dieses Verfahren beobachten wir beim Dörren von Obst und Gemüse. Ersteres ist wohl allgemein bekannt, braucht jedoch zum richtigen Zweck verständige Ausführung. Alles Obst wird schöner an Farbe und besser in Geschmack, wenn es erst recht reif abgepflückt und noch einige Tage in kühlem, trockenem Raum gelagert wird, als wenn gefallenes oder nicht reifes Obst verwendet wird. Das schön reife Obst wird dann je nach Bestimmung geschält, zerkleinert, in einem Sieb oder Beutel 5—15 Minuten in kochendes Wasser getaucht, dann auf Hurden ausgebreitet und je nach Jahreszeit an der Sonne oder bei gleichmäßiger Temperatur im Ofen eingetrocknet. Das Dämpfen hilft dazu, das Dörren schneller fertig zu bringen, und es verliert das Obst so auch weniger Saft. Wird das trockene Obst an feuchten oder dem Nebel zugänglichen Orten aufbewahrt, so nimmt es aus der Luft wieder Feuchtigkeit auf und wird dann schimmlig. Dagegen hilft uns ein abermaliges Eintrocknen und besseres Aufbewahren. Das Dörrobst wird gekocht wie frisches, nur bedarf es Ersatz des eingetrockneten Wassergehaltes.

Das Eintrocknen der Gemüse geschieht auf gleiche Weise, nur muß beobachtet werden, daß kleingeschnittenes Gemüse nicht mehr gewaschen und so seines Nährstoffes beraubt werde. Grüne Gemüse dürfen auch nur im Schatten oder im Ofen getrocknet werden, weil sie an der Sonne eine graugelbe Farbe bekommen. Das Einkochen, Eindicken wird meistens bei Obst-säften, aber auch bei Milch, Fleischextrakt, Gallerte ꝛc. angewendet. Das Einkochen bewirkt die Verminderung oder gänzliche Beseitigung des Wassergehaltes, bis nur noch die festen Substanzen zurück geblieben sind, welche dann entweder ganz getrocknet oder in Töpfen vor Luftzutritt bewahrt werden können.

b) Die Luft, welche zersetzen hilft, absperren. Wenn Obst oder Gemüse oder auch andere Lebensmittel lange Zeit frisch bleiben müssen, soll man dieselben vor Zutritt der Luft schützen, durch Einlegen in Büchsen oder Gläser, welche nachher durch Verlöten oder mittelst passender Deckel luftdicht geschlossen werden können. In jedem Raume, wo diese Arbeit vorgenommen wird, dringt die vorhandene gute oder schlechte Luft zugleich mit den Lebensmitteln in die Gefässe ein und würde darin eine Gärung oder Zersetzung bewirken; dieselbe muß darin unwirksam gemacht werden. Dieses geschieht, indem die fest geschlossenen Gefässe in kaltes Wasser zum Feuer gestellt, je nach Größe derselben 5—30 Minuten gekocht, dann vom Feuer genommen und im Wasser erkalten gelassen werden. Die so erreichte Siedehitze tötet die mit der Luft eingeschlossenen Zerstörungskeime und macht sie unschädlich. Durch Einstellen in kaltes Wasser, allmäliges Erwärmen und Wiedererkalten wird das Zerspringen der Gläser verhütet. Man kann auch die Luft abhalten, wenn Oel oder flüssiges Fett über eine Speise gegossen wird, das dann als Luftabschluß die Speisen eine Zeit lang frisch erhält, aber für die Dauer nicht genügt und auch nicht für alle Speisen angewendet werden kann.

c) Die Temperatur herabsetzen können wir, indem wir die Lebensmittel in einen kalten Raum bringen oder auf Eis legen. Durch Gefrieren bleiben die Nahrungsmittel unverändert; tauen sie dann aber auf, so gehen sie sehr schnell in Zersetzung über, weil das Fasergewebe durch den Frost gelockert wird und die zersetzende Luft dann leichter eindringen kann.

d) Stoffe zusetzen, welche die Fäulnis hemmen. Als solche Stoffe sind Salz, Essig und Zucker bekannt.

Zum Einmachen von Kohl, weißen Rüben, Bohnen und Gurken &c. wird mit Vorteil Salz angewendet, doch soll der Zusatz nie so stark sein, daß man vor dem Kochen genötigt ist, den überflüssigen Salzgehalt durch Auswaschen zu entfernen. Durch Auswaschen würden dann auch die übrigen flüssigen Nährstoffe verloren gehen und so nur die ausgelaugte Pflanzenfaser zum Genuß zurück bleiben. Sollen die Salzgemüse, weil unansehnlich, absolut gereinigt werden, so geschehe es nur durch Abschwenken, nie durch Einlegen in Wasser. Salz wirkt auf Gemüse und Fleisch zusammenziehend, auspressend, und es muß dafür gesorgt werden, daß der ausgepreßte Saft sich wieder in das Fasergewebe aufsaugen kann. Es empfiehlt sich daher, einige Stunden vor dem Gebrauch die beschwerenden Deckel von dem eingemachten Gemüse wegzunehmen. Die gleichen Wirkungen hat Essig auf eingelegte Gemüse; derselbe zieht den Wassergehalt aus dem Gewebe heraus, macht also die Einlage saftarm, aber verhindert den Zutritt der Luft für einige Zeit. Zucker wirkt auf die Früchte ebenfalls ausziehend, das heißt der Wassergehalt der Früchte wird von dem aufgestreuten Zucker herausgezogen und muß dann eingedickt werden, um haltbar zu sein. Aus diesem Grunde wird der Zucker schon für sich allein gekocht, um vorher den eigenen Wassergehalt einzubüßen, und erst so den Früchten beigemengt. Es ist oft ein mehrmaliges Einkochen der gleichen Früchte nötig, weil immer wieder Wassersaft im Zucker vorkommt, der dann ganz eingedämpft werden muß. Beim Abschließen der Luft ist dieses Einkochen aus schon erwähnten Gründen überflüssig.

So kann die Hausfrau mit Hilfe der richtig angewandten Naturkräfte ihre Vorräte konservieren und auf eine Zeit sparen, wo frische Produkte nicht oder nur zu hohem Preis zu haben sind.

251. **Eingemachtes Aepfelmus.** Gute säuerliche Aepfel werden gewaschen und in kleine Stücke geschnitten, ohne Schale und Kernhaus zu entfernen, mit ganz wenig Wasser in gut verzinnter Pfanne recht weich gekocht und durch ein Sieb ge-

trieben. Hernach werden auf $1/2$ kgr Mus $1/4$ kgr Zucker (je nach Säure der Aepfel mehr oder weniger), 1 Stückli ganzer Zimmet, einige Gewürznelken und nach Belieben die Schale einer Zitrone zugefügt, alles zusammen auf schwachem Feuer so lange eingekocht, bis das Mus etwas dick ist. Hierauf wird es in Gläser oder Steintöpfe gefüllt, mit einem in Kirschwasser oder Rhum getauchten Papier bedeckt und gut zugebunden oder verschlossen. Nimmt man einen Teil süße Aepfel, so kann bedeutend Zucker erspart werden. Einen sehr guten Geschmack erhält es, wenn einige Quitten dazu genommen werden. Es ist dies die billigste Konfitüre.

252. **Aprikosenmarmelade.** Schön reife Aprikosen werden mit heißem Wasser übergossen und zugedeckt einige Minuten stehen gelassen. Hernach werden sie geschält, von den Steinen befreit und durch ein Sieb getrieben. Das durchgetriebene Mark wird mit dem gleichen Gewicht Zucker so lange gekocht und abgeschäumt, bis die Masse gleichmäßig dick ist. Dann wird sie in Töpfe gefüllt und gut verschlossen aufbewahrt.

253. **Kirschmarmelade.** Ein Kilo ausgesteinte Kirschen werden mit ganz wenig Wasser gut durchgekocht und durch ein Sieb getrieben. Dann wird $1/2$ kgr Zucker mit 3 Löffel voll Wasser zum Feuer gebracht und gekocht, bis er Faden zieht, das Durchgetriebene wird hinein gebracht und weiter gekocht, bis die Masse gleichmäßig dick ist, hernach nicht zu heiß in Gläser oder Töpfe gefüllt, ein in Kirschwasser getauchtes Papier darüber gelegt und zugebunden oder gut verschlossen an kühlem, trockenem Orte aufbewahrt.

254. **Eingemachte Birnen in Essig.** Schön reife und nicht zu große Birnen werden dünn geschält, die Stiele zur Hälfte abgeschnitten und geschabt. Dann wird auf $1\,1/2$ kgr Birnen 1 Liter Obstessig mit 1 kgr Zucker siedend gemacht und abgeschäumt, hernach 1 Stück ganzer Zimmet, 10 Gewürznelken, 1 Stück Zitronenschale und so viel Birnen, als nebeneinander Platz haben, hinein gegeben, dieselben sorgfältig gekocht, bis man mit einem dünnen Hölzchen hinein stechen kann. Sie

werden dann herausgezogen, in Gläser oder Töpfe gebracht, der ziemlich dicht eingekochte Essig nicht zu heiß darüber gegossen und leicht gedeckt. Am nächsten und übernächsten Tag wird der Essig nochmals aufgekocht und wieder über die Birnen gegossen. Das Gefäß wird hernach gut geschlossen und an kühlem, trockenem Orte aufbewahrt.

255. **Eine andere Art.** Schön reife und nicht zu große Birnen werden geschält, in passende verschließbare Gläser oder Büchsen gebracht, mit geläutertem Zucker oder Fruchtzucker übergossen, fest geschlossen und ½ Stunde im Wasserbad gesotten. Auf gleiche Weise kann jede Obstsorte verwendet werden.

256. **Heidelbeeren in Dunst.** Frisch gepflückte, schön reife Heidelbeeren werden in reine, trockene Flaschen gefüllt, dieselben auf den Tisch aufgestoßen, damit sich die Früchte gehörig setzen können und dann fest verkorkt. Die gefüllten Flaschen werden dann neben einander in eine Pfanne oder einen Kochhafen in kaltes Wasser gestellt, so daß letzteres über den Beeren steht. Das Wasser und die Flaschen werden hernach eine halbe Stunde gekocht und so die Flaschen im Wasser stehend wieder erkalten gelassen. Diese werden an einem trockenen, kühlen Orte aufbewahrt, und es können die Beeren nach 1—2 Jahren wie frische verwendet werden.

257. **Beerenobst in Zucker.** Johannisbeeren, Stachelbeeren, Heidelbeeren, Brombeeren und Kirschen werden sauber erlesen, von Stiel und Kern befreit, auf ein Sieb gebracht und leicht abgeschwenkt; die Kirschen jedoch vor dem Entkernen. Dann wird auf 1 kgr Beeren ½—1 kgr Zucker mit einigen Löffeln Wasser in eine Messingpfanne oder gut verzinnte Kupferpfanne gebracht, gut durchgekocht und abgeschäumt, die Beeren werden hernach dazu gegeben und gekocht, bis die Konsistenz gleichmäßig ist und sich oben nicht mehr Flüssigkeit zusammenzieht. Diese Masse wird hernach in gut ausgebrühte Töpfe oder reine Gläser gefüllt, gut zugebunden oder hermetisch verschlossen an einem trockenen, kühlen Orte aufbewahrt.

258. **Beerenobstsirup.** Heidelbeeren, Johannisbeeren, Stachelbeeren, Kirschen und Brombeeren sind dazu verwendbar. Die Beeren werden sauber erlesen, von Stiel und Kern befreit, etwas zerstampft, mit $^{1}/_{4}$ ihres Gewichtes gestoßenem Zucker gemischt und wenigstens 24 Stunden in den Keller gestellt. Hernach werden sie durch ein sauberes starkes Tuch gedrückt oder durchgewunden. Der ausgeflossene Saft wird mit der Hälfte bis drei Viertel seines Gewichtes Zucker zum Feuer gebracht (der aufsteigende Schaum sorgfältig abgehoben) und gekocht, bis der Sirup eine ölartige Konsistenz erlangt hat, welcher dann nicht zu heiß in Flaschen gefüllt, nach dem Erkalten gut verkorkt und an einem kühlen, trockenen Orte aufbewahrt wird.

259. **Heidelbeersaft.** Die Beeren werden verlesen und vollständig zerdrückt, 2 Tage in den Keller gestellt und hernach durch ein Tuch gepreßt. Für $^{1}/_{2}$ l Saft wird $^{1}/_{2}$ kgr Zucker mit $^{1}/_{2}$ Glas Wasser zum Feuer gebracht, einige Mal aufgekocht, gut abgeschäumt, der Saft wird zugefügt und eingekocht, bis derselbe dicklich vom Löffel läuft. Nicht zu heiß wieder auf Flaschen gefüllt, nach dem Erkalten gut verkorkt und an kühlem, trockenem Ort aufbewahrt. Mit Wasser vermischt getrunken ein gutes Mittel gegen Diarrhoe. In gleicher Weise wird Saft von andern Obstsorten bereitet.

260. **Rhabarbersirup.** Die dicken Stengel der Rhabarberblätter werden geschält, in kleine Stückli geschnitten und ohne Wasserzugabe recht weich gekocht und hernach durch ein Tuch gepreßt. Dann wird der Saft mit dem gleichen Gewicht Zucker zum Feuer gebracht und so lange gekocht, bis der Sirup eine ölartige Konsistenz erlangt hat. Darauf wird er nicht zu heiß in Flaschen gefüllt, gut verkorkt oder zugebunden und an kühlem, trockenem Ort aufbewahrt. Mit 2—3 Teilen Wasser vermischt, giebt das ein durststillendes Getränk.

261. **Johannisbeerengelée.** Schön reife Johannisbeeren werden entstielt, zerquetscht, mit $^{1}/_{4}$ ihres Gewichtes gestoßenem Zucker gemischt, bis am andern Tag in den Keller gestellt und

dann durch ein Tuch gepreßt. Der so gewonnene Saft wird mit $^3/_4$ seines Gewichtes Stückzucker zum Feuer gebracht und so lange gekocht, bis ein Tropfen auf dem Teller dick wird; hernach in Töpfe gefüllt und gut verschlossen aufbewahrt. Auch andere Beerenfrüchte können so zu Gelée bereitet werden.

262. **Gelée von Aepfelschalen.** Vor Gebrauch werden die Aepfel gewaschen oder abgerieben, dann geschält und das Innere nach Belieben verwendet. Die Schalen werden sogleich mit so viel Wasser übergossen, daß es gerade darüber geht, und recht durchgekocht. Hernach wird alles über ein Geschirr auf ein reines Tuch geschüttet und ausgedrückt. Die Brühe wird sodann mit $^1/_3$ $^1/_2$ ihres Gewichtes Zucker zum Feuer gebracht und so lange gekocht und abgeschäumt, bis ein Tropfen auf dem Teller dick wird.

263. **Eingemachte Kürbisse als Fleischbeilage.** Die Kürbisse werden geschält, von den Kernen befreit und in etwa fingergroße Stückli geschnitten. Dann werden sie mit gutem Essig übergossen und zugedeckt einige Stunden stehen gelassen. Dieser Essig wird hernach abgegossen, auf je 1 l $^1/_2$ kgr Zucker und einige Gewürznelken damit aufgekocht, die Kürbisstückli 2 Minuten darin gesotten und dann auf einem Sieb abgetropft. Der Saft wird nachher noch zur Sirupdicke eingekocht und heiß über die Kürbisse in erwärmte Töpfe gegossen. Nach zwei Tagen wird er nochmals heiß gemacht und erkaltet über die Stückli geschüttet. Die Töpfe werden gut zugebunden und an kühlem, trockenem Orte aufbewahrt.

264. **Senfgurken.** Große Gurken werden geschält, der Länge nach entzwei geschnitten, das Kernhaus herausgekratzt und mit Salz und Essig einmal aufgekocht. Nach völligem Erkalten werden sie mit einem reinen Tuch abgetrocknet, in kleinere Stückli geschnitten, mit Gewürznelken, Senfkörnern, ganzem Pfeffer, Lorbeerblättern, geschnittenem Meerrettig und kleinen Zwiebeln in Töpfe geschichtet und mit gekochtem und wieder abgekühltem Essig übergossen. Der Essig wird dann

noch zweimal aufgekocht und heiß darüber gegossen. Die Töpfe werden nach dem Erkalten zugebunden.

265. **Eingemachte Samen der Kapuzinerkresse als Kapern.** Die reifen Samen werden abgepflückt, gereinigt, zwischen einem Tuche trocken gerieben, stark mit Salz gemischt und 24 Stunden stehen gelassen. Dann wird guter Wein- oder auch Mostessig in eine Pfanne gebracht, mit zwei kleinen Lorbeerblättern, einigen Pfefferkörnern, einem kleinen Sträußchen Estragon und Bohnenkraut einmal aufgekocht, erkaltet über die Samen gegossen und in einem gut verkorkten Glase aufbewahrt. Die Flüssigkeit muß die Körner noch bedecken.

266. **Randen.** Mittelgroße ganze Randen werden sauber gewaschen, im Salzwasser weich gesotten, dann geschält, in dünne Scheiben geschnitten, in einen recht saubern Steintopf geschichtet und dazwischen Salz, ganzer Pfeffer, ein wenig gestoßener Zucker und Coriandersamen gestreut. Alles wird mit gutem Essig übergossen und wohl bedeckt in den Keller gestellt. Sie halten sich so etwa 14 Tage; will man sie länger aufbewahren, so muß man etwa 1 cm hoch Oel darauf gießen und das Gefäß gut zubinden.

267. **Kräuteressig.** Eine Schüssel sauber gewaschene Blätter von Petersilie, Estragon, Majoran, Thymian und Körbelkraut werden fein geschnitten, eine geriebene Meerrettigwurzel beigegeben, dies in eine Strohflasche gebracht, mit 5—6 Liter gutem Essig übergossen und 3—4 Wochen in mäßiger Wärme aufbewahrt, hernach filtriert und in Flaschen abgezogen. Für feinere Salate und Saucen sehr zu empfehlen.

268. **Gewürze für den Winter.** Junge Küchenkräuter (Petersilie, Sellerie, Lauch, Majoran, Thymian, Estragon 2c.) werden gewaschen, gut ausgeschwenkt, auf Papier oder Brettern am Schatten völlig getrocknet, was am besten auf dem Estrichboden unter dem Ziegeldach geschieht. Hernach wird jede Sorte besonders von den Stielen abgestreift, zwischen den Händen gerieben und durchgesiebt, in Flaschen gefüllt und darin gut

verschlossen aufbewahrt. Als Würze für Suppen, Saucen und Gemüse sehr empfehlenswert.

269. **Sauerkraut einzumachen.** Auf den Boden eines recht saubern Zubers oder Fasses werden ganze Kabisblätter gelegt, fein gehobeltes Kraut (Kabis) hinein gegeben, auf 25 kgr Kraut 1 kgr Salz dazwischen gestreut und mit einer Holzkeule zusammen gestampft, doch nicht zu fest. Obenauf werden wieder ganze Blätter gelegt, darauf ein reines Tuch, dann ein passender sauberer Deckel und auf diesen einige gut gewaschene Steine. Zu oberst muß ein Brett über das Faß gelegt werden, damit kein Staub oder Unrat hinein kommen kann. Wenigstens alle 14 Tage müssen das Tuch, das untere Brett und die Steine gewaschen und wieder hingelegt werden, so daß keine Schimmelbildung möglich ist und das Kraut samt der Lacke daran appetitlich bleibt. Nach 4–6 Wochen ist das Kraut genießbar. Einige Stunden vor dem Herausnehmen sollten die Steine weg gelegt werden, damit sich die Flüssigkeit etwas ins Kraut hinein zieht. Das Kraut soll vor Gebrauch nicht ausgedrückt und noch weniger gewaschen werden. Auf diese Weise behandelt, ist das Kraut delikat und selbst schwachen Magen zuträglich. Will man noch schneller Sauerkraut haben, so empfiehlt es sich, auf 50 kgr Kraut etwa 2 l warmen Essig zuzuschütten, was die Gärung beschleunigt.

270. **Bohnen in Salz.** Diese werden noch jung gepflückt, von den Fäden befreit, schräg in kleine, schmale Stückli geschnitten und wie das Sauerkraut eingemacht; jedoch ist nötig, schwach gesalzenes, gekochtes und wieder erkaltetes Wasser darüber zu gießen, bis es mit den Bohnen beinahe gleich steht. Wachsbohnen eignen sich nicht dazu, weil sie gerne breiig werden.

271. **Bohnen in Dunst.** Wie oben zugerüstete Bohnen werden in Gläser oder Büchsen geschichtet, mäßig gesalzenes Wasser darüber gegossen, die Gefässe luftdicht geschlossen und ¼–½ Stunde im Wasserbad gesotten, dann an kühlem, trockenem Ort aufbewahrt. Sie werden gekocht, wie die frischen Bohnen, nur nicht mehr vorgesotten.

272. **Zuckererbsen in Dunst.** Eben ausgehülste Zuckererbsen werden in Gläser oder Büchsen ganz voll eingefüllt, mäßig gesalzenes Wasser darüber gegossen, die Geschirre geschlossen und 10–20 Minuten im Wasserbad gesotten. Auf gleiche Weise kann man auch ausgestochene Rübli, gleichlang geschnittene Spargeln, Röslikohl, kleine Stückli Blumenkohl 2c. einmachen.

273. **Tomaten einzumachen.** Schön reife Tomaten werden zerschnitten, ohne weitere Beigabe in einer verzinnten Pfanne weich gekocht und durch ein Sieb getrieben. Das Durchgetriebene wird in Flaschen gefüllt, dieselben werden luftdicht verschlossen und so ½ Stunde im Wasserbad gesotten und an kühlem, trockenem Ort aufbewahrt. Diese Tomaten werden als Würze zu Suppen, Saucen 2c. verwendet.

274. **Julienne-Suppeneinlage.** Gelbe Rüben, Knollsellerie, weiße Rüben, Kohlraben, Bodenrüben, Pastinakwurzeln 2c. werden sehr sauber gewaschen oder geschält, in Streifchen geschnitten oder gehobelt; Lauch, Sellerieblätter und Petersilie werden ebenfalls gewaschen und in Streifchen geschnitten. Hernach wird alles partienweise in einem Beutel 5 Minuten in stark kochendes Salzwasser getaucht, rasch abgekühlt, auf Hurden ausgebreitet und so schnell wie möglich gedörrt und dann in Beuteln hängend aufbewahrt. Gekocht wird diese Julienne wie die Wurzelsuppe, nur vorher abgeschwenkt und im betreffenden Salzwasser eingeweicht.

275. **Gedörrte Rübli.** Gut gereinigte Rübli werden in Scheibchen geschnitten, in einem Beutel in kochendes Salzwasser getaucht, abgekühlt und auf Hurden möglichst schnell getrocknet.

276. **Gedörrte Bohnen.** Noch junge Bohnen werden schräg in Stückli geschnitten oder gehobelt und wie die Rübli gebrüht und gedörrt. Wird ein wenig Natron oder ein Stückli Soda dem Wasser zugefügt, so hält die Farbe besser.

277. **Gedörrte Heidelbeeren.** Schön reife, gut erlesene Heidelbeeren werden in einem passenden Körbchen in kochendes

Wasser getaucht, 2—3 Minuten darin gelassen, dann auf einer Hurde ausgebreitet und an der Sonne oder in mäßig warmem Ofen getrocknet. Diese Heidelbeeren sind gekocht ein sehr gutes Mittel gegen Durchfall.

Gewürze.

Es giebt eine große Menge einheimischer und fremder Gewürze, welche in der Küche Verwendung finden. Zu den einheimischen zählen wir: Zwiebeln, Chalotten, Lauch, Knoblauch, Petersilie, Sellerie, Majoran, Dill, Fenchel, Anis, Kümmel, Essig, Honig, Thymian, Estragon, Rosmarin, Zitronenkraut u. a. Fremde sind: Zucker, Zimmet, Pfeffer, Ingwer, Gewürznelken, Vanille, Zitronen, Pomeranzen u. s. w. Alle diese Gewürze haben wenig Nährwert, wirken aber, mäßig angewendet, ungemein wohlthätig auf unsere Verdauungsorgane, indem infolge Genuß gewürzter Speisen mehr Verdauungssaft abgesondert wird und die Speisen somit besser aufgelöst werden können. Ein übermäßiger Zusatz, besonders fremder Gewürze, kann aber auch insofern nachteilig wirken, als dieselben stark anregend auf die Nerven wirken und dieselben dadurch nach und nach abschwächen. Die einheimischen Gewürze sind milder als die fremden, dürfen aber dennoch nur mäßig in Anwendung kommen. Zur Bereitung von Saucen und Crêmen sind immer Gewürze nötig, und sie sind, gut aufgelöst und in zuträglicher Verdünnung, eine beliebte Zugabe zu festen Speisen.

Salz ist nicht nur Gewürz, sondern auch unentbehrliches Nahrungsmittel und sollte allen Speisen gleich bei Anfang des Kochens beigegeben werden.

Saucen und Crêmen.

278. **Gewöhnliche braune Sauce.** Ein Löffel voll Butter oder Bratenfett wird heiß gemacht, mit 2 Löffeln Mehl gleich-

mäßig geröstet und mit einer Tasse kalter Fleischbrühe zum Kochen gebracht. Dann werden eine mit Gewürznelken gespickte Zwiebel, eine verschnittene Gelbrübe, ein Lorbeerblatt, ein wenig Muskatblüte und $^{1}/_{4}$ Glas Weißwein mitgekocht, bis alles kräftig ist. Bevor Fleisch hineinkommt oder ehe sie angerichtet wird, muß die Sauce durch ein Sieb passiert werden.

279. **Gewöhnliche weiße Sauce.** Eigroß frische Butter und 2 Löffel Mehl werden miteinander in eine Messingpfanne gebracht, schnell gleichmäßig schwach gelb gedünstet, mit einer Tasse Fleischbrühe, nach Belieben $^{1}/_{2}$ Glas Weißwein, ein wenig Zitronensaft, einer gespickten Zwiebel, einer geschnittenen Carotte, ein wenig Muskatnuß durchgekocht, durch ein Sieb passiert und zu Zunge, Ragout und Gemüse verwendet.

280. **Blumenkohlsauce.** 60—80 gr frische Butter wird mit einem Löffel Mehl gerührt, zuerst etwas kaltes Wasser, dann eine große Tasse Rahm oder Milch dazu gegossen, Salz und Muskatnuß zugefügt und rasch zum Kochen gebracht. Die Sauce muß schön weiß sein und dicklich vom Löffel fließen.

281. **Gelbe Buttersauce.** In einem Geschirr werden ein Stück frische zerlassene Butter, 2 Eigelb und 2 Löffel voll Wasser miteinander glatt gerührt; dann wird eine große Tasse voll weiße Sauce dazu gegossen, einmal aufgekocht und zu Kalbfleisch, Spargeln rc. serviert.

282. **Zwiebelsauce.** Ein starker Löffel Butter wird heiß gemacht und mit 2 Löffeln gehackten Zwiebeln gedünstet und 1 Löffel Mehl noch damit geröstet, bis es hellbraun ist. Dann wird es mit $^{1}/_{4}$ Glas Essig und 1 großer Tasse Fleischbrühe aufgekocht, eine Prise Pfeffer, 1 Lorbeerblatt und eine Carotte werden zugefügt, das Ganze gut durchgekocht und passiert.

283. **Kraftsauce.** Knochen von Geflügel, Abfälle von Kalb-, Schaf- oder Rindfleisch, ein kleines Stück Rindsleber werden zerkleinert, in eine mit Fett bestrichene Bratpfanne gebracht, ein paar Löffel voll kaltes Wasser dazu gegossen und im heißen Ofen langsam gelb gebraten. Dann wird so viel Wasser oder Fleischbrühe dazu gegossen, als man Sauce wünscht

und das Ganze unter öfterm Umrühren recht durchgebraten. Dieses wird nun filtriert, mit einigen Löffeln gewöhnlicher brauner Sauce gemischt, gewürzt und nochmals aufgekocht.

284. **Petersiliensauce.** Mit einem starken Löffel Butter werden 2 Löffel Mehl gelb geröstet, 1 Löffel voll Zwiebeln, ein Löffel feingehackte Petersilie, ein Zweigli Thymian und Muskatblüte, eine große Tasse Fleischbrühe zugeführt, durchgekocht und über 2 Eigelb passiert.

285. **Kräutersauce.** Eine Hand voll Petersilie, Sellerie, Zitronenkraut, Thymian, Majoran, Körbel und eine Chalotte werden gereinigt, wohl abgetropft und roh recht fein gehackt. Dann wird dieses alles mit einem Stück Butter in der Pfanne gedünstet, ein wenig Mehl darüber gestäubt und mitgeröstet; ferner werden ein paar Löffel Essig, eine große Tasse Fleischbrühe, Salz und Pfeffer zugefügt, alles kräftig gekocht und zu Leberpudding, Fleischklößli &c. serviert.

286. **Kapernsauce.** Eine große Tasse voll gewöhnliche braune oder weiße Sauce (Nr. 278 und 279) wird vorbereitet und mit 2 Löffeln voll Kapern durchkocht, das Fett abgenommen und verwendet.

287. **Specksauce.** Zwei Löffel voll feine Speckwürfeli werden in der Pfanne gelb geröstet und mit der Schaumkelle heraus genommen. Im zurückgebliebenen Fett werden 2 Löffel Mehl und hernach ein Löffel gehackte Zwiebeln gelb geröstet und mit wenig Essig und einer Tasse Fleischbrühe aufgelöst; dann werden eine Prise Pfeffer, eine Messerspitze Kümmel und die Speckwürfeli wieder zugefügt und durchgekocht.

288. **Senfsauce.** Ein Löffel Butter, eine gehackte Zwiebel und ein Löffel Mehl werden zusammen gedünstet, mit einer Tasse Fleischbrühe aufgelöst, eine starke Prise weißen Pfeffers, 1—2 Lorbeerblätter und 2 Gewürznelken damit durchgekocht und durch ein Sieb getrieben. Hernach werden noch ein kleines Stück Butter und zwei Kaffelöffeli voll Senf damit gemischt und verwendet.

289. **Tomatensauce.** Ein Stück Butter und ein Löffel Mehl werden zusammen gedünstet und mit einer Tasse Fleischbrühe aufgelöst. Dann werden 5—6 Stück schön reife, zerrissene Tomaten, das nötige Salz, eine Prise Pfeffer, 2 Gewürznelken und eine Chalotte hinein gegeben, gut durchgekocht, durch ein Sieb passiert, mit ein wenig Rahm gemischt und zu Rindfleisch oder auch zu Fischen serviert.

290. **Pfeffersauce.** Mit 1 Löffel Butter werden 2 Löffel Mehl gelb geröstet, 1 Löffel gehackte Zwiebeln einige Male darin umgerührt, 2 Löffel Essig, eine große Tasse Fleischbrühe und eine Messerspitze voll spanischen Pfeffer zugefügt und gut durchgekocht. Hernach wird die Sauce durch ein Sieb gestrichen und nochmals heiß gemacht.

291. **Gurkensauce.** Eine mittelgroße Gurke wird geschält, vom Kernhaus befreit und in dünne Scheibchen geschnitten. Dann werden in einer Pfanne 50 gr Butter und ein Löffel Mehl zusammen gedünstet, die Gurken, 1 Lorbeerblatt, eine Prise Pfeffer, das nötige Salz, ein Sträußli Estragon, 1/4 Glas Essig und eine Tasse Fleischbrühe zugefügt und gekocht. Hernach wird die Sauce durch ein Sieb getrieben, mit Fleischextrakt gemischt und zu Kalb- und Schaffleisch serviert.

292. **Majonnaise.** Zwei hartgekochte und 1 rohes Eidotter werden in einem Geschirr sehr fein gerieben, 1 Kaffeelöffeli voll Zucker, 1 Löffeli fein geriebene Chalotten, das nötige Salz und eine Prise Pfeffer damit gemischt, dann abwechselnd unter fortwährendem Rühren 1 Glas Olivenöl und 1 Glas Weinessig löffelweise zugefügt und zuletzt noch eine Messerspitze Fleischextrakt damit vermengt. Die Sauce muß breiartig dicklich, aber fließend sein und an einem kühlen Ort bereitet werden.

293. **Piquante Kräutersauce.** Petersilie, Schnittlauch, Estragon, Zitronenkraut, Basilikum 2c., zusammen eine Hand voll und das Weiße von 2 hartgesottenen Eiern werden sehr fein verwiegt. Das Gelbe der Eier wird mit 2—3 Löffeln voll feinem Olivenöl gerieben, die ganze Masse dann mit Essig,

Salz, Pfeffer und saurem Rahm gemischt und zu kaltem Fleisch serviert.

294. **Meerrettig.** Eine dicke, schöne Meerrettigwurzel wird gereinigt, kurz vor dem Kochen geschabt und gerieben, dann sogleich mit 50—80 gr Butter, 1 Löffel Mehl, einer Tasse Fleischbrühe, nach Belieben Pfeffer und wenig Essig zum Feuer gebracht und zu einem kleinen dicklichen Brei gekocht, welcher zum Rindfleisch serviert wird. Wer den Rettig milder wünscht, kann statt Fleischbrühe und Essig Milch und feingeriebene Brotkrume verwenden.

295. **Süße Rotweinsauce.** Ein Glas Wasser, drei Deziliter Rotwein, der nötige Zucker, ein Stängli Zimmet und ein paar Gewürznelken werden zusammen 5 Minuten lang gekocht. Man kann ein Kaffeelöffeli voll feines Mehl mit Wasser oder Wein glatt und in die Sauce rühren. Diese Sauce wird zu süßen Mehl- und Eierspeisen serviert.

296. **Rhumsauce.** 4—5 Löffel gestoßener Zucker werden in der trockenen Pfanne gelb und flüssig geröstet, mit $1/2$ l Wasser aufgelöst, ein kleines Stück Zimmet, ein paar Gewürznelken und ein Stück Zitronenschale beigegeben, 10—15 Minuten gekocht, dann 2 Spitzgläschen Rhum dazu gegossen und zu süßen Mehl- und Eierspeisen schnell serviert.

297. **Obstsaucen.** Eine Untertasse voll geschälte Aepfel- oder Birnenstückchen oder ausgesteinte Kirschen oder Zwetschgen, Aprikosen, Beerenobst *rc.* wird mit ganz wenig Wasser recht weich gekocht und nachher durch ein Sieb getrieben. Dann wird der nötige Zucker mit 1 Löffel Wasser in eine Messingpfanne gebracht und gelb und flüssig geröstet, mit einem Glas Wasser und einem Glas Wein aufgelöst, das Durchgetriebene nebst einigen Gewürznelken oder einem Stück Zitronenschale zugefügt und gekocht, bis die Sauce kräftig ist. Wird zu süßen Mehl- und Eierspeisen serviert. Auch Dörrobst kann dazu verwendet, aber nur der ausgekochte Saft benützt werden.

298. **Weinschaum, Chaudeau.** Ein Kaffeelöffeli feines Mehl wird in einer Messingpfanne mit Wasser glatt gerührt;

dann werden 5—8 Eigelb, der nötige Zucker, ein Stück Zitronenschale und 6—8 dl Weißwein damit vermischt. Hernach wird die Pfanne aufs Feuer gestellt und mit dem Eierschwinger darin gerührt, bis am Rande Blasen aufsteigen, kochen darf die Masse nicht. Die Pfanne wird schnell abgehoben und die Sauce angerichtet, aber fortwährend darin gerührt, bis sie etwas verkühlt; dann wird der Eierschnee damit vermengt und der Weinschaum zu süßen Mehl- oder Eierspeisen serviert.

299. **Eiercrême.** In einer Messingpfanne wird ein Kaffeelöffeli voll feines Mehl mit Milch glatt gerührt; dann werden 5—8 Eigelb, ebenso viel Löffel Zucker, ein Stück Zitronenschale und $^1/_2$ l Milch dazu gegossen, über das Feuer gestellt und unter beständigem Rühren zum Kochen gebracht. Die Pfanne wird dann abgehoben, die Masse angerichtet, aber weiter gerührt, bis sie etwas verkühlt ist. Hernach wird noch der steife Schnee der Eier darunter gemischt und diese Crême zu süßen Mehl- und Eierspeisen serviert.

300. **Eiermilch.** 1—2 rohe Eier werden mit einer Gabel recht tüchtig gerührt, dann langsam mit 2 dl warmer Milch gemischt und nach Belieben einige Körnchen Salz oder ein wenig Zucker beigegeben. (Ein kräftiger Trank für Genesende).

301. **Warme Cognacmilch für Kranke.** Für eine Person werden $^1/_4$ l Milch, 1 Eigelb, 1 Kaffeelöffeli Zucker und ein kleines Stücklein Zitronenschale auf dem Feuer schaumig gerührt, 2—3 Löffel Cognac damit vermischt und dieses warm serviert. Auch kalte Milch mit Cognac ist vielen Kranken angenehm.

Mehl- und Eierspeisen.

Die Mehlspeisen sind meistens nahrhafte Gerichte, aber nur, wenn sie richtig bereitet, als passende Zuspeisen beigelegt werden und nicht alle Tage auf den Tisch kommen. Wenn nämlich der Körper zu viel mit Mehlspeisen genährt wird, so erschlaffen die Verdauungsmuskeln, weil sie zu wenig gereizt werden, und vermögen gar bald die kleisterartigen Massen nicht mehr zu bewältigen. Man sollte also nicht mehr als ein- oder zweimal in der Woche solche Gerichte vorsetzen. Werden die Breie gehörig durchgekocht, so daß sich der rohe Mehlgeschmack verliert und die Mehlteilchen recht aufquellen, so sind sie leicht verdaulich, besonders wenn noch gut gekochtes, saftiges Obst dazu gegeben wird.

Auch Spätzli, Klöße, Maccaroni, Nudeln rc. sind nahrhafte Speisen, müssen aber ebenfalls gut durchgekocht und stets in stark strudelndes, schön gesalzenes Wasser gebracht werden. Große Klöße müssen längere Zeit gesotten werden, bis sie bis ins Innere derselben vom Dampf durchzogen und gar sind.

In Butter oder Schmalz gebackene Mehlspeisen, wie Omeletten, Küchli rc., müssen luftig und locker, nicht fest und zähe und nicht fettig sein. Nichts ist widriger als wenn an Backwerken erkaltete Fettklümpli sitzen, die den Appetit vertreiben, ja Uebelkeit erregen können. Man legt oder stellt daher die gebackenen Küchli zum Ablaufen in ein Sieb oder auf Brotfünkli, die dann wieder zur Suppe verwendet werden können.

Die verschiedenen Teige.

Die Bereitung der Teige ist eine der schwierigern Arbeiten der Kochkunst, und es verlangt große Aufmerksamkeit, bis man darin gewandt ist.

Das Mehl sollte stets trocken, nicht klumpig sein und in saubern Kasten oder Schubladen aufbewahrt werden. Steht oder liegt es in Säcken herum, so nimmt das Mehl leicht Feuchtigkeit in sich auf und wird dann dumpfig und modrig.

Die Eier müssen frisch sein, beim Schütteln nicht stark schwappeln, wie es bei alten Eiern vorkommt, deren Inhalt schon stark verdunstet ist und die Schale nicht mehr ausfüllt. Solche Eier, deren Dotter beim sorgfältigen Aufschlagen gleich auseinander fährt, sind nicht mehr frisch und sollten zu gerührten Kuchenteigen nicht benützt werden müssen. Ein schlechtes Ei kann eine ganze Speise verderben; darum sollte jedes einzeln in eine Tasse aufgeschlagen und erst nach Prüfung dem Teige beigegeben werden.

Der Zucker soll fein gestoßen, durchgesiebt und trocken sein.

Mandeln oder Nußkerne müssen ganz trocken und doch nicht zu alt sein und mit wenig Eiweiß oder Zucker gerieben werden, weil sonst gern Oel aus den Kernen quillt, wenn sie für sich allein im Mörser gestoßen oder gerieben werden.

Die frische Butter soll gut ausgeknetet, recht frisch und süß sein.

Weinbeeren oder Rosinen müssen gut erlesen, auf einem Sieb abgeschwenkt und wieder getrocknet werden; läßt man sie lang zu Reinigungszwecken im Wasser liegen, so verlieren sie viel von ihrem guten Geschmack und Zuckergehalt.

Die Hefe soll frisch und von guter Qualität sein. Wird frische Bierhefe (aus der Brauerei) verwendet, so soll dieselbe in einer Glasflasche mit frischem Wasser tüchtig umgeschüttelt und dann einige Stunden ruhig stehen gelassen werden. Wenn sich die dicke Hefe gesetzt hat, so wird das trübe Wasser ab- und frisches zugeschüttet, das Ganze umgeschüttet und wieder stehen gelassen. Dieses Verfahren wird noch einige Mal wiederholt. Ein mäßiger Löffel voll dieser Hefe genügt für 1–2 kgr Mehl. Wird Preßhefe verwendet, so soll dieselbe in ein Geschirr gebröckelt, mit ein wenig Zucker bestreut, nach einiger Zeit mit etwa $^1/_4$ l lauwarmer Milch oder Wasser aufgelöst und bald verwendet werden.

Für die gewöhnlichen gerührten Mehlteige für Spätzli, einfache Omeletten, Eierhaber &c. wird das bestimmte Mehl in eine Schüssel gebracht, das nötige Salz beigegeben und dann mit der betreffenden Flüssigkeit nach und nach gemischt und gerührt, bis ein gleichmäßiger glatter Teig entstanden ist. Gießt man auf einmal zu viel Flüssigkeit zu, so entstehen gern Mehlknollen im Teig, gibt man zu wenig, so bilden sich feste Teigklumpen, die schwer wieder zu verreiben sind. Erst wenn diese Mischung gleichmäßig ist, werden die Eier hinein gegeben und nachher je nach Bedarf die Masse flüssiger gemacht. Gibt man die Eier gleich ins trockene Mehl, so bewirkt die klebende Bindekraft der Eier wieder, daß Klumpen entstehen, welche im andern Fall vermieden werden.

Bei gerührten Kuchenteigen muß stets zuerst die frische Butter, sofern solche vorgesehen ist, in einer Schüssel vermittelst eines hölzernen Kochlöffels so lange gerührt werden, bis sie zu gleichmäßiger feiner Salbe geworden ist. Im Winter oder auch wenn die Butter im Sommer auf dem Eise hart oder fest geworden ist, wird vorher die Schüssel, nicht aber die Butter, zuerst etwas erwärmt. Zu diesem kommen dann der feingesiebte, trockene Zucker, die gerührten Eigelb und die bestimmten Gewürze. Je besser nun diese Mischung gerührt wird, desto luftiger wird die Masse, weil mit jedem Zuge Luft hinein getrieben wird. Hierauf wird dann gesiebtes Mehl oder geriebenes Brot, eine gekochte oder geriebene Masse und der steife Eierschnee damit vermischt, wie es das Rezept vorschreibt.

Zur Erlangung eines recht steifen Eierschnees werden die sorgfältig geschiedenen Eiweiß in eine glatte Schüssel oder einen blanken Messing- oder Kupferkessel gebracht, ein paar Salzkörnchen zugefügt und mit dem Schneebesen oder einem zusammengebundenen Draht erst langsam, dann immer schneller gerührt, bis das Geschirr umgekehrt werden kann, ohne daß der Schnee heraus fällt. So wird derselbe unter die Teigmasse gemischt, doch nur so, daß dieselbe gleichmäßig aussieht; dann wird sie sogleich in eine gut mit Butter ausgestrichene und mit Mehl, Gries oder Brotmehl bestreute Form, welche einen etwa 4—6 cm hohen Rand hat, gleichmäßig eingefüllt und alsbald im mäßig warmen Ofen gebacken. Der Ofen darf nicht zu heiß sein, damit der Kuchen zuerst gehörig aufgehen und dann langsam trocknen kann. Bei zu großer Hitze bildet sich gleich eine Kruste außen herum, und der innere Teig kann sich nicht mehr ausdehnen, die Kruste nicht mehr sprengen, und der Teig wird deshalb speckig. Auch kann der aufgegangene Teig wieder zusammenfallen, wenn die Ofentüre oft und ganz aufgemacht wird und ein kalter Luftstrom zum Kuchen gelangen kann. Der eingeschobene Kuchen soll ganz ruhig stehen bleiben, ein Schieben oder Wenden, bevor die Masse trocken und fest geworden ist, bewirkt wieder, daß sie zusammenfällt, und es kann dieser Fehler nicht mehr gut gemacht werden.

Die gleichen Bedingungen verlangen die verschiedenen Aufläufe: nur muß bei einigen derselben die Grundmasse zuerst breiartig gekocht und ein wenig abgekühlt werden. Bei diesem Verfahren wird man sich hüten, die Eier in eine heiße Masse zu mischen, weil sie sogleich gerinnen und ihre luftige Beschaffenheit verlieren würden.

Die Teige zu den Puddings werden in gleicher Reihenfolge eingerührt, nur werden dann die fertigen Teige nicht im Ofen, sondern im kochenden Wasser vollendet. Dazu braucht es besondere Formen aus Blech, welche mit einem festschließenden Deckel versehen sein müssen. Diese mit Butter bestrichenen Formen werden nur zu $^2/_3$ gefüllt, dann zugedeckt und in so viel kochendes Wasser gestellt, daß es nicht über den Verschluß geht, also beim Kochen nicht hineinfließen kann. Je nach Größe und Inhalt der Form werden diese Puddings $^1/_2$—2 Stunden ununterbrochen gekocht. Für eingekochtes Wasser muß anderes, ebenfalls kochendes beigegeben werden. Wenn die Puddings nun fest oder dick geworden sind, was man erkennt, wenn mit einer Gabel oder einem spitzen Hölzchen hineingestochen wird und nichts mehr daran kleben bleibt, so werden sie auf eine Platte umgestürzt und die Form noch kurze Zeit darüber gelassen, damit der Inhalt vom Dampf abgelöst wird, und hernach mit einer passenden Sauce zu Tisch gebracht.

Zur Bereitung ausgewalzter Teige muß ebenfalls eine bestimmte Reihenfolge der Verrichtungen beachtet werden. Ungeübte Personen tun am besten, wenn sie einen Teil des Mehles an einen Haufen auf einen saubern Tisch oder ein Wirkbrett bringen, zuerst die Trockensubstanzen, welche das betreffende Rezept vorschreibt, wie Salz, Zucker, geriebene Mandeln 2c., damit mischen, in der Mitte des Haufens eine Vertiefung machen und darin mit der erforderlichen Flüssigkeit das Mehl zu Teig vermengen; dieser wird dann auch auf die Seite gelegt, das andere Mehl nach und nach ebenso behandelt. Darauf wird aller Teig zusammen genommen und so lange mit den Händen geknetet, bis der Teig nirgends mehr anklebt, glatt und geschmeidig ist. So wird er, wenn er warm angemacht an der Wärme, wenn er kalt angerührt worden, in kühlem Raume etwa $^1/_4$ Stunde liegen gelassen und mit einem reinen Tuch oder mit einer Schüssel bedeckt, damit er nicht krustig wird. Während diesem Ausruhen kommt der Teig mehr oder weniger in Gährung, wird dehnbarer, läßt sich leichter formen oder mit der hölzernen Walze auseinander treiben. Ist der Teig zu trocken angemacht, so reißt er leicht ab, ist er zu naß, so muß viel Mehl nachgestreut werden, und er wird dann zähe und spröde.

Die Behandlung der Butterteige verlangt besondere Vorsicht. Dieselben müssen immer in kühlem Raum gemacht werden. Alles, was man dazu braucht, muß ebenfalls kalt sein, also schon vorher an kühlen Ort gebracht werden. Je nach dem Zweck wird die Butter mit dem Mehl verrieben oder erst als gut ausgeknetete und in eine gleichmäßige Scheibe geformte Masse auf den nach vorgeschriebener Weise ausgewalzten Teig gelegt. Derselbe wird dann von vier Seiten, wie bei einem Paket, darüber gelegt, umgekehrt und wenigstens 10 Minuten ruhig liegen gelassen. Hiernach wird dieser Teig zu einem langen und breiten Band ausgewalzt, was sehr vorsichtig geschehen muß, damit die Butter nicht herauskommt, wieder so zusammengelegt, daß die Enden nach innen kommen, und wieder liegen gelassen; dieses wird noch 2—4 mal wiederholt, und es muß das Auswalzen stets gegen sich und von sich geschehen. Erst wenn der Teig das letzte Mal ausgewalzt werden muß, kann es nach allen vier Seiten geschehen.

Man hat ganzen Teig, wenn gleich viel Mehl und Butter, halben Teig, wenn nur halb so schwer Butter wie Mehl oder noch weniger davon verwendet wurde. Man kann auch einen Teil der Butter mit dem Mehl mischen und nur einen Teil darauf legen, immer aber muß der Teig die gleiche Weichheit oder Festigkeit haben wie die Butter. Statt Butter kann auch ein Teil frisches Schweineschmalz verwendet werden.

Die geriebenen Butterteige haben nur den Unterschied von dem vorigen, daß alle Butter mit dem Mehl zerrieben und dann auch mit ganz kaltem Wasser zum Teig angemacht wird. Bei beiden empfiehlt es sich, 2—3 Löffel guten Essig mit dem Wasser zu mischen, was den Teig etwas treibt.

Mürbeteig kann auch in wärmerer Temperatur bereitet und dabei lauwarmes Wasser, vermischt mit einer Messerspitze Natron verwendet werden.

Nudelteig wird ohne Butter, Strudelteig mit etwas Butter bereitet.

Bei Teig, welcher mit Zucker gemischt wird, muß man ja darauf achten, daß letzterer sehr fein gestoßen und gesiebt ist, sonst wird durch das Schmelzen der Körnchen der Teig nur feuchter, und es muß dann zum Nachteil wieder mehr Mehl zugesetzt werden. Zum Backen der gewalzten Teige muß der Ofen immer heiß sein, und es geht das Backen gewöhnlich schnell, $\frac{1}{4}$—$\frac{1}{2}$ Stunde. Die Backbleche müssen nur mit Butter oder Speck bestrichen werden, wenn wenig oder keine Butter im Teig ist; im andern Fall ist das unnötig, da der gute Butterteig nicht festsitzt.

Die Behandlung der übrigen Teige richtet sich nach den schon beschriebenen; nur die Eierröhrli und Eiernudeln verlangen ein abweichendes Verfahren. Zu diesen werden eine Anzahl Eier in eine Schüssel aufgeschlagen, säuerlicher Rahm oder zerlassene Butter werden zugefügt (auf 1 Ei ein kleiner Löffel voll), das nötige Salz beigegeben und gerührt, bis nichts mehr in den Eiern zusammenhängt. Dann wird so viel Mehl hinein gegeben, als erforderlich ist. Das Ganze wird nach spezieller Vorschrift behandelt.

Gesalzene und süße Mehl- und Eierspeisen, Kuchen und Pudding.

302. **Hafergriesbrei.** 200 gr Hafergries wird mit lauwarmem Wasser übergossen und so etwa 1 Stunde stehen gelassen. Dann werden 2 l Milch oder auch zur Hälfte Wasser heiß gemacht, das stark aufgequollene Hafergries und das nötige Salz hinein gegeben und mindestens ½ Stunde gekocht. Sollte der Brei zu dick sein, so wird er einfach mit Milch verdünnt. Noch kräftiger wird der Brei, wenn das Hafergries vorher in Butter geröstet, die Milch dazu gegossen und so weiter gekocht wird.

303. **Reisbrei.** Für 6 Personen wird 200 gr Reis gewaschen, mit so viel Wasser, daß es gut darüber steht, zum Feuer gebracht und auf mäßigem Feuer eingekocht. In einer andern Pfanne wird 1 ½—2 l Milch heiß gemacht, 1 Prise Salz und der aufgequollene Reis hinein gegeben und gekocht, bis der Brei die gehörige Dicke und unten eine gelbe Kruste hat. Butter und Zucker können nach Belieben beigegeben werden. Im Sommer empfiehlt es sich, die Milch abzurahmen und den Rahm dann wieder etwa 10 Minuten vor dem Anrichten darunter zu mischen, weil die ganze Milch im Sommer gerne gerinnt.

304. **Mehlbrei.** Auf je 1 Person wird 1 Löffel Mehl mit 1 Tasse Milch nach und nach in der Pfanne ganz glatt gerührt, 1 Prise Salz und ein Bröckli frische Butter hinein gegeben, die Pfanne dann aufs Feuer gestellt und der Inhalt unter fortwährendem Rühren zum Kochen gebracht. Hernach wird er auf schwaches Feuer gestellt und wohl ½ Stunde gekocht.

Man kann das Mehl auch nur in die heiße Milch einrühren, der Brei wird dann aber weniger fein.

305. **Griesbrei.** 1 l Milch, eine starke Prise Salz und ein Stückli Butter werden zusammen heiß gemacht, dann 150 bis 200 gr Weizen-Gries hinein gerührt und auf schwachem Feuer gekocht, bis sich unten eine gelbe Kruste angesetzt hat. Die Pfanne wird dann etwa 5 Minuten zugedeckt vom Feuer

gestellt, worauf sich beim Anrichten die Kruste besser ablösen läßt, was bei allen Breisorten zu beachten ist.

306. **Käsebrei.** 1 kgr Brot wird in dünne Scheiben geschnitten, lagenweise in eine Schüssel geordnet, 2--300 gr geriebener Käse dazwischen gestreut, alles mit so viel kochendem Wasser übergossen, als das Brot aufzusaugen vermag, und zugedeckt etwa 10 Minuten stehen gelassen. Hernach wird in einer Pfanne ein Stückli Butter heiß gemacht, das eingeweichte Brot hinein gegeben, mit einer Keule zu einem feinen Brei gestoßen und mit Milch zur gewünschten Dicke gekocht; angerichtet und mit gelb gerösteten Zwiebeln abgeschmälzt, kann die Speise serviert werden. (Sehr nahrhaft.)

307. **Verwendung von übrigem Brei.** Resten von Reis-, Gries- oder Mehlbrei werden noch warm mit einigen gut gerührten Eiern, Zucker und nach Belieben mit Rosinen oder Weinbeeren gemischt, in eine mit kaltem Wasser ausgeschwenkte Form eingedrückt und zum Erkalten gestellt. Dann wird die Speise auf eine Platte gestürzt und mit einer Obst- oder Weinsauce kalt zu Tisch gebracht.

308. **Polenta.** 3 Tassen Wasser mit dem nötigen Salz werden siedend gemacht, 1 Tasse Maisgries eingerührt und 5 Minuten gekocht. Hernach mischt man 2--6 Löffel geriebenen Käse darunter, richtet die Masse an, bestreut sie mit gelb gerösteten Zwiebeln und gießt ein wenig heiße Butter darüber.

309. **Polenta anderer Art.** 1 l Milch, 125 gr Mais und ein wenig Salz werden zu einem dicken Brei gekocht, angerichtet und zum Erkalten gestellt, hernach in Scheiben geschnitten und ohne Eier gebraten, oder auch mit dem Schäufelchen in kleine Stücklein geteilt und gut durchgeröstet. Dieses ist mit Milch genossen eine nahrhafte und billige Speise. — Man kann die Maisschnitten auch mit geriebenem Käse bestreuen und auf einem mit Butter oder Speck bestrichenen Backblech im Ofen backen.

310. **Griesschnitten.** Von 1 l Milch, welche abgerahmt sein kann, 125 gr Gries und einer Prise Salz wird ein dicker

Brei gekocht, in eine genäßte Schüssel angerichtet und kalt gestellt. Hernach wird der Brei auf ein reines Brett umgestürzt, in beliebig große Scheiben geschnitten, in gerührten, gesalzenen Eiern umgewendet und in heißer Butter auf beiden Seiten gebacken. Man kann auch statt Milch nur Salzwasser und statt Gries nur Mehl verwenden (1/2 kgr auf 1 l Wasser).

311. **Gedämpfter Reis.** Für 6 Personen wird 1/2 kgr Reis gewaschen, mit halb Wasser, halb Fleischbrühe und dem nötigen Salz auf mäßigem Feuer, ohne darin zu rühren, weich gedämpft und eingekocht. Die Reiskörner müssen weich aber noch g a n z sein. Hat man keine Fleischbrühe, so wird 1/2 Kaffeelöffeli voll Fleischextrakt mit dem nötigen Wasser gemischt und ein Stückli Butter zugefügt.

312. **Risotto.** 300 gr Reis wird erlesen, angebrüht und zwischen einem Tuch trocken gerieben. Dann wird ein starker Löffel Fett oder Butter heiß gemacht, 2 gehackte Zwiebeln und der Reis werden darin geröstet, bis die Zwiebeln gelb sind, so viel Fleischbrühe, daß sie gut darüber steht, dazu gegossen und das Ganze auf schwachem Feuer körnig weich gedämpft. Beim Anrichten wird geriebener Käse damit vermischt, oder es werden kleine Stückli von Geflügel, Wurst oder Schinken darin gedämpft.

313. **Käsknöpfli.** Für 6 Personen wird etwa 1/2 kgr Mehl, ein Kaffeelöffeli Salz, 1—3 Eier und die nötige Milch zu einem dicken, zusammenhängenden Teig gerührt, bis er Blasen wirft. Von diesem Teig werden mit einem Löffel oder Messer kleine, längliche Stückli abgeschnitten, in stark kochendes Salzwasser gebracht und einmal aufgekocht. Dann wird eine feuerfeste Platte mit Butter bestrichen, die Knöpfli werden lagenweise, gut abgetropft, hinein gebracht, dazwischen geriebener Käse gestreut, warme Milch darüber gegossen und auf glühenden Kohlen nochmals aufgekocht. Zuletzt werden in Butter geröstete Brosamen darüber gestreut. Uebrige Knöpfli können nochmals in Butter gebraten oder verwiegt in die Suppe gebracht werden.

314. **Andere Art Knöpfli.** Die Bereitung des Teiges ist gleich wie in voriger Nummer, ebenso das Kochen in Salzwasser. Wenn die Knöpfli obenauf schwimmen, werden sie heraus gezogen und in anderes heißes Salzwasser gebracht, wo sie liegen bleiben, aber nicht kochen dürfen bis kurz vor dem Anrichten. Sie werden hernach auf eine Platte gebracht, geriebener Käse wird dazwischen gestreut und das Ganze mit zerlassener Butter oder mit einigen Löffeln voll Bratensaft übergossen. — Uebrig gebliebene Knöpfli sind sehr gut, wenn sie nur einfach in Butter gebraten werden, bis sie gelb und durch und durch heiß sind.

315. **Wasserschnitten.** Nicht zu dicke Brotscheiben werden in dünnen Spätzliteig getaucht, in kochendes Salzwasser gelegt, 5 Minuten gesotten, auf eine Platte gelegt, nach Belieben geriebener Käse dazwischen gestreut und mit gerösteten Zwiebeln abgeschmälzt. Man kann die Schnitten auch in heißer Butter gelb backen.

316. **Jägerklöße.** Für 6 Personen werden 120 gr Speck in kleine Würfeli geschnitten und in der Pfanne heiß gemacht; eine Untertasse voll kleine Brotwürfeli werden darin gelb geröstet, eine große Hand voll Spinat und Petersilie sauber gewaschen und fein gehackt. Hernach werden $1/2$ kgr Mehl und 1 Kaffeelöffeli voll Salz mit $1/3$ l lauwarmer Milch oder Wasser glatt gerührt, 4—5 Eier, das geröstete Brot mit dem Speck und das gehackte Grüne darunter gemischt und Klöße von der Größe eines kleinen Apfels daraus geformt. Diese werden in stark kochendes Salzwasser oder noch besser in Fleischbrühe gelegt, 10 Minuten gekocht, angerichtet und mit gerösteten Zwiebeln abgeschmälzt.

317. **Gewöhnliche Nudeln.** 1 kgr Mehl, 2 Kaffeelöffeli Salz, 2—4 Eier und die nötige Milch oder lauwarmes Wasser werden zusammen zu einem Teig gearbeitet, bis er nicht mehr klebt, und dann $1/2$ Stunde ruhig liegen gelassen. Hernach werden apfelgroße Stücke davon abgeschnitten, dieselben rundlich geformt, dann dünn ausgewalzt und auf Tüchern oder

einem saubern Brett etwas abgetrocknet. Die einzelnen Stücke werden mit Mehl bestäubt, aufgerollt, quer in schmale Streifchen geschnitten, auseinander geschüttelt und je nach Umständen völlig getrocknet. Vor Gebrauch werden sie in Salzwasser einmal aufgekocht, mit der Schaumkelle heraus gezogen, lagenweise in eine mit Butter bestrichene Kochplatte gebracht, dazwischen geriebener Käse gestreut, mit warmer Milch übergossen und auf glühenden Kohlen oder im Ofen nochmals heiß gemacht. Nach Belieben können sie mit gerösteten Brosamen überstreut oder mit Bratensaft übergossen werden; im letztern Falle bleibt die Milch weg. Auch weich gekochte Maccaroni können so abgekocht werden.

318. **Eiernudeln.** 6 Eier werden in einer Schüssel tüchtig geschlagen und das nötige Salz und so viel Mehl eingerührt, als die Eiermasse annimmt. Sodann wird der Teig bearbeitet, bis er nicht mehr an den Händen klebt, und weiter wie in voriger Nummer angegeben behandelt.

319. **Reisrollen.** $1/2$ l Milch, 50 gr Butter, 1 Prise Salz und 200 gr Reis werden zusammen zu einem dicken Brei gekocht, angerichtet und kalt gestellt. Dann werden 3 Eigelb damit vermischt, daraus auf einem mit Mehl bestreuten Tisch etwa 6 cm lange und zwei mal fingerdicke Rollen geformt, dieselben im gerührten Eiweiß umgewendet, in heißer Butter gebacken und mit gekochtem Obst oder auch zum Fleisch serviert. Liebt man die Rollen süß, so werden Zucker, Zimmet, geriebene Mandeln oder Nußkerne mit der Reismasse gemischt und die Rollen nach dem Backen mit Zucker bestreut.

320. **Rührei.** 5 Eier werden mit 2—3 Löffeln Milch oder Rahm gemischt und das nötige Salz zugefügt. Dann werden in einem Pfännchen 40 gr frische Butter zerlassen, die Eier hinein gegeben und gerührt, bis alles kleine Bröckli und diese durchgebacken sind. Man kann auch klein geschnittenen Schinken oder Kalbsbraten zufügen, auch in der Butter zuerst fein geschnittene Brottünkli rösten, die Eier darüber gießen und mitrösten, bis alles heiß ist (Eierrösti).

321. **Eierhaber.** Für 6 Personen werden 4—500 gr Mehl, 3—5 Eier, das nötige Salz und Milch zu einem dickflüssigen Teig gemacht. Dann wird in einer flachen Pfanne 1 Löffel voll Butter erhitzt, die Hälfte des Teiges hinein gegossen, auf der untern Seite gebacken, hierauf umgekehrt, mit einem Schäufelchen in kleine Bröckli geteilt, die dann geröstet und gut durchgebacken werden, dann die andere Teighälfte ebenso gebacken. Vor dem Anrichten wird noch ein wenig feines Salz darüber gestreut. Bei der Bereitung dieser Speise sollte man immer nur mäßiges, am besten ein Kohlenfeuer haben.

322. **Eier an saurer Sauce.** In einer Pfanne werden ein Löffel Butter heiß gemacht, ein halber Löffel gehackte Zwiebeln und ein halber Löffel Mehl darin gedünstet, eine Tasse Fleischbrühe und 1/4 Glas Essig zugefügt, das nötige Salz, eine Prise Pfeffer hinein gegeben, die Sauce gut durchgekocht und 6 Eier so dazu aufgeschlagen, daß der Dotter schön in der Mitte bleibt. Wenn letztere schön dick geworden sind, werden sie mit einem Schäufelchen behutsam heraus auf eine Platte gehoben und die Sauce sorgfältig nebenher gegossen, oder auch die Eier in die Sauce gelegt.

323. **Eier-Omelette.** 2 Löffel voll feines Mehl wird mit Milch schön glatt gerührt, eine Prise Salz, 4—5 Eier und 2 Löffel voll saurer Rahm damit tüchtig gemischt. Dann wird in einer flachen Pfanne ein Stück Butter heiß gemacht, der Teig hinein gegossen, gleichmäßig umgeschwenkt und eine Minute zugedeckt, hernach sorgfältig umgewendet, wieder gedeckt, schnell auf eine warme Platte umgestürzt und sofort serviert, bevor die hoch aufgegangene Omelette wieder zusammenfällt. Noch feiner wird dieses Gericht ohne Mehl. Nach Belieben kann mit Zucker oder dann mit Schnittlauch gewürzt werden, oder es können auch Beerenobst oder fein geschnitzelte saure Aepfel unter den Teig gemischt werden.

324. **Eierkuchen mit Erdäpfeln und Speck.** 2—3 Löffel voll Mehl werden mit 3 dl Milch glatt gerührt, eine Untertasse voll gesottene und kalt geriebene Erdäpfel, 4 Eier und

das nötige Salz damit vermengt. Nun werden 2 Löffel voll Speckwürfeli in einer Pfanne heiß und schön gelb gemacht, die Hälfte des Teiges wird wie eine Omelette darin gebacken; mit der andern Hälfte wird in gleicher Weise verfahren. (Nahrhaft und billig.)

325. **Süßer Eierkuchen mit Brot.** 1 Teller voll verwiegtes Brot wird mit Milch nur angefeuchtet. Dann werden 4—6 Eier, eine Prise Salz, etwa 6 Löffel Zucker gut untereinander gerührt, das Brot und wenn nötig eine halbe Tasse Milch oder Rahm damit vermengt. In einer flachen Pfanne wird darauf ein Stück Butter heiß gemacht, die Brotmasse hinein gegeben und sorgfältig auf beiden Seiten gebacken. Das Umwenden des Kuchens geschieht am besten mit einem flachen Pfannendeckel. Angerichtet, wird der Kuchen noch mit Zucker bestreut; letzterer kann aber auch ganz weggelassen und zum Backen können Speckbröckli verwendet werden.

326. **Gerollte Omeletten.** Von 4 Löffeln Mehl, 4 Eiern, einer Prise Salz und der nötigen Milch wird ein feiner Teig gemacht, dann in einer flachen Pfanne, in gewohnter Weise, 4—5 dünne Omeletten gebacken und auf einen reinen Holzteller oder Papier gelegt. Auf diese wird eine dünne Schicht süßes Apfelmus oder anderes gekochtes oder eingemachtes Obst gestrichen, hernach aufgerollt und in halbfingerlange Stückli geschnitten, welche aufrecht auf eine Platte gestellt und mit Zucker bestreut serviert werden.

327. **Schinkenomelette.** 2 Löffel Mehl werden mit Milch glatt gerührt, dann 4 Eier, das nötige Salz und mit beliebigen Gewürzkräutern zerhackte Schinkenresten damit vermischt und in gewohnter Weise zu Omeletten gebacken.

328. **Grüne Eierkuchen.** Eine große Handvoll Spinat, Zwiebelröhren, Petersilie, Münzen und Schnittlauch werden gewaschen, fein gehackt, gesalzen und in einem Löffel voll Butter einige Minuten gedämpft. Dann wird von 2—3 Löffeln voll Mehl, 3—4 Eiern, dem nötigen Salz und Milch ein flüssiger

Teig gemacht, das Grüne damit vermengt und in Butter langsam und zugedeckt gebacken.

329. **Eierschnitten.** Nicht zu dicke Brotscheiben werden schnell in Milch getaucht, in gerührten und gesalzenen Eiern umgewendet, in heißer Butter auf beiden Seiten gebacken und sogleich zu Tisch gebracht.

330. **Erdbeerschnitten.** Weggli- oder Formenbrot wird in 1 cm dicke Scheiben geschnitten, schnell in Butter hellgelb gebacken; dann wird eine Untertasse voll gut erlesene und auf einem Sieb abgeschwenkte Erdbeeren mit 50—100 gr Zucker 2—3 Minuten gekocht, schnell auf die Brotscheiben gestrichen und bald serviert.

331. **Gefülltes Brot.** 4 Weggli werden von ihrer harten Kruste befreit, d. h. dieselbe wird am Reibeisen abgerieben, dann in Scheiben geschnitten, doch so, daß sie noch auf einer Seite zusammen hängen. Nun wird eine Mischung, hergestellt aus 2 Eiern, 2 Löffel voll Zucker und 2 Löffel voll gehackten Mandeln oder Nußkernen zwischen die Scheiben gestreichen, dieselben wieder in vorige Form zusammen gebunden, in heißer Butter schnell gebacken, vom Bindfaden befreit und mit süßer Weinsauce serviert.

332. **Milchröhrli** (Fastnachtküchli). 1 kgr gewärmtes Mehl, 2 Kaffeelöffeli voll Salz und 1 Kaffeelöffeli voll Backpulver (Mischung von 1 Teil Natron und 2 Teilen pulverisiertem Weinstein) werden miteinander gemischt mit $^8/_{10}$ l warmer Milch, worin 80 gr Butter zerlassen ist, zu einem schönen, geschmeidigen Teig gearbeitet, bis dieser nicht mehr an den Händen klebt und blasig ist. Dieser wird dann messerrückendick ausgewalzt, in 10 cm große Vierecke geschnitten, in heißer schwimmender Butter gebacken und am besten frisch serviert.

333. **Eierröhrli.** Etwa 6 frische Eier, 2—3 Löffel voll saurer Rahm und 2 Kaffeelöffeli Salz werden zusammen tüchtig gerührt und so viel Mehl hinein gearbeitet, als die Eier annehmen und bis der Teig nicht mehr klebt. Von diesem werden Stücke abgeschnitten in der Größe eines kleinen Apfels, dieselben

rundlich geformt, dann möglichst dünn ausgewalzt und in einer kleinen Pfanne in heißer Butter kraus gebacken, gut abgetropft und am besten frisch serviert. Hat man keinen Rahm, so kann zerlassene Butter verwendet werden.

334. **Model- oder Rosenküchli.** 100 gr frische Butter wird in einer Schüssel leicht schaumig gerührt, ½ kgr Mehl und 1 Kaffeelöffeli Salz werden hinein gegeben und mit Milch zu einem glatten Teig gerührt. Hernach werden 4—6 Eigelb, der steife Schnee vom Eiweiß und noch so viel Milch damit vermengt, bis der Teig die gehörige Konsistenz hat. Inzwischen wird das Modelleisen in der Backbutter heiß gemacht, dasselbe nicht zu tief in den Teig und dann in die heiße Butter getaucht, das Küchli gut gebacken, vorsichtig abgetropft und mit Zucker bestreut zu Tisch gebracht.

335. **Tabakrollen.** ½ kgr Mehl, 2—3 Löffel voll Zucker, 2—3 Eier, eine Prise Salz und 200—250 gr Butter werden miteinander gemischt und mit Weißwein zu einem Teig gearbeitet. Dieser wird 2—4 mal ausgewalzt und wieder zusammengelegt. Man kann die Butter auf den Teig streichen oder mit dem Mehl vermischen. Zuletzt wird der Teig ⅓ cm dick ausgewalzt, in etwa 10 cm große Vierecke geschnitten, quer um längliche Rollen gewickelt und mit Bindfaden locker gebunden; dann in heißer Butter gebacken, von den Rollen gelöst, hernach auch auf der Innenseite gebacken, mit Zucker und Zimmet bestreut und frisch serviert.

336. **Spritzküchli.** 1 l Wasser oder Milch, ein wenig Salz, eigroß Butter und nach Belieben 2—4 Löffel Zucker werden zusammen heiß gemacht. Dann wird ½ kgr Mehl auf einmal hinein gegeben und gerührt, bis sich der Teig von der Pfanne löst. Dieser wird in eine Schüssel angerichtet und etwas verkühlt. Hernach werden 5—8 Eier, eins nach dem andern hinein gearbeitet, bis der Teig die richtige Dicke hat. Nun wird eine Spritze mit Sternöffnung mit dem Teig gefüllt, mittelst eines hölzernen Stöpsels in heiße schwimmende Butter gedrückt, gut durchgebacken, mit Zucker bestreut und frisch ser-

viert. Hat man keine Spritze, so kann der Teig mit einem Löffel ausgestochen und so gebacken werden.

337. **Hirschhörnli.** 8 Eigelb, $^1/_2$ kgr gestoßener Zucker, $^1/_2$ Tasse säuerlicher Rahm, oder statt dessen einige Löffel voll zerlassene Butter, 1 Kaffeelöffeli Zitronenschale, der Eierschnee, 1 Kaffeelöffeli voll Zimmet und das nötige Mehl werden zusammen zu einem Teig verarbeitet und auf die Dicke eines Bleistiftes ausgewalzt. Von diesem werden kleine Formen ausgestochen, in heißer schwimmender Butter gebacken und frisch serviert.

338. **Plattenmüsli** (Ofenschlupfer). $^1/_2$ Kaffeelöffeli voll Mehl wird mit Milch glatt gerührt, 4 Eier, eine große Tasse Milch, Zucker und Zimmet oder Salz nach Belieben werden damit vermischt, in ein mit Butter bestrichenes Plättchen gegossen und $^1/_4$ Stunde in den heißen Ofen gestellt. (Eine leicht verdauliche Krankenspeise.)

339. **Gebackene Bienstmilch.** In einer Schüssel werden 2 Löffel voll Mehl mit Milch glatt gerührt, dann 4—6 Eier, das nötige Salz, oder wenn man will, Zucker und 2 l Milch von einer neumelkigen Kuh damit vermischt. Hernach wird eine feuerfeste Platte oder Schüssel mit Butter bestrichen, die Mischung hinein gegeben und in mäßiger Wärme im Ofen gebacken.

340. **Käseauflauf.** 2 Löffel Mehl werden mit Milch glatt gerührt; dann werden 6 Eigelb, $^1/_4$ kgr geriebener Käse, 1 l Milch und der steife Schnee des Eiweiß damit vermischt. Hernach wird eine tiefe Blech- oder irdene Form mit Butter bestrichen, die Käsemasse hinein gegeben, die Form in einer Bratpfanne in heißes Wasser gestellt und so im heißen Ofen gebacken. Das Gericht wird warm serviert.

341. **Käsreis.** $^1/_2$ kgr Reis wird in Salzwasser körnig weich gekocht und auf ein Sieb geschüttet. Dann wird eine feuerfeste Platte mit Butter bestrichen, der Reis lagenweise hinein gegeben, geriebener Käse dazwischen gestreut, das Ganze mit einer Mischung von 2—3 Eiern und einer Tasse Milch

übergossen und im heißen Ofen oder auf glühenden Kohlen nochmals heiß gemacht.

342. **Käsekuchen.** Ein Kuchenblech wird mit ausgewalztem Brotteig oder auch feinerm Teig belegt. Dann werden ¼ kgr geriebener Käse und 1—2 Löffel Mehl mit Milch zu einer breiigen Masse gerührt, je nach Umständen ein gehackte Zwiebel damit vermischt, gleichmäßig auf dem Teig verteilt, bei starker Hitze im Ofen gebacken und warm zu Tisch gegeben.

343. **Spinatkuchen.** Ein Teller voll gekochter und gehackter Spinat wird mit Salz, Muskatnuß, 2—3 Eiern oder ½ Tasse Rahm gemischt, und nach Belieben werden Speckwürfeli damit vermengt. Dann wird ein Kuchenblech mit Teig belegt, der Spinat gleichmäßig darauf gestrichen, bei guter Hitze im Ofen gebacken und warm zu Tisch gegeben.

344. **Zwiebelkuchen mit Speck.** Junge Zwiebelröhren (Blätter) werden gut ausgeschwenkt und in kleine Stückli geschnitten. In einer Pfanne macht man 2—4 Löffel Speckwürfeli heiß und dünstet die geschnittenen Zwiebelröhren (ein größerer Teller voll) 2 Minuten darin. Indessen wird von 2—3 Löffel Mehl, dem nötigen Salz, Milch und 3—5 Eiern ein flüssiger Teig bereitet, die Zwiebeln werden hinein gerührt, alles auf ein Kuchenblech gegossen, das mit ausgewalztem Brotteig belegt ist, und so bei starker Hitze im Ofen gebacken. Dies gibt zwei Kuchen von der Größe einer mittelmäßigen runden Platte.

345. **Rhabarberkuchen.** Ein Kuchenblech wird mit beliebigem ausgewalztem Teig belegt und 1—2 Löffel voll Paniermehl darauf gestreut. Geschälte und 2 cm lange Stückli geschnittener Blattstengel der Rhabarber werden darauf geordnet, stark mit Zucker und nach Belieben mit ein wenig Zimmet oder abgeriebener Zitronenschale bestreut und bei guter Hitze im Ofen gebacken. Will man den Kuchen feiner, so wird Blätterteig oder süßer Butterteig verwendet und eine glatt gerührte Mischung von 1 Kaffeelöffeli Mehl, 3—4 Eiern, 100 gr Zucker und 1 Tasse Rahm oder Milch über die Blattstengel gegossen und so gebacken.

346. **Aepfelkuchen.** Ein Kuchenblech wird mit Butter oder Speck bestrichen und mit beliebigem ausgewalztem Teig belegt. Kleine säuerliche, möglichst gleichmäßige Aepfelschnitzchen legt man so im Kreise herum darauf, daß das Ganze wie eine große Rosette aussieht; es wird mit gestoßenem Zucker und Zimmet bestreut und bei kräftiger Hitze im Ofen gebacken. Nach Belieben kann man vor dem Backen ein wenig Weißwein oder eine Mischung von 1 Kaffeelöffeli voll Mehl, 4—6 Eiern, einer Tasse Milch oder Rahm darüber gegossen werden.

347. **Kirschkuchen.** Ein Kuchenblech wird mit ausgewalztem Mürbeteig oder auch mit Butterteig belegt. Dann wird ein wenig Paniermehl darüber gestreut, die ausgesteinten Kirschen werden darauf gelegt, mit Zucker bestreut und bei guter Hitze im Ofen gebacken. Statt Kirschen können auch ausgesteinte Zwetschgen oder Beerenobst verwendet werden.

348. **Feiner Kirschkuchen.** Ein Kuchenblech wird mit ausgewalztem Butterteig belegt, dann ausgesteinte Kirschen gleichmäßig, nicht zu dicht, darauf gebracht und mit gestoßenem Zucker bestreut. Hernach werden 2—3 Eier, eine Tasse süßer Rahm, ein wenig abgeriebene Zitronenschale mit einander gemischt, über die Kirschen gegossen und bei guter Hitze im Ofen gebacken.

349. **Billiger Gugelhopf.** 50—80 gr frische Butter wird in einer Schüssel an die Wärme gestellt, nicht heiß gemacht. Dann 250 gr gestoßener Zucker und 2 gerührte Eier damit recht gut gemischt. Hernach wird $^1/_2$ Tasse Milch, 1 Messerspitze voll Natron, 2 Messerspitzen Weinsteinpulver und 250 gr Mehl damit gleichmäßig vermengt. Diese Masse wird in gut bestrichener Form $^3/_4$ Stunden bei nicht zu starker Hitze im Ofen gebacken. Gewürze, wie Zitronenschalen, Weinbeeren, Zimmet, können beliebig dem Teig zugefügt werden.

350. **Biscuittorte.** 8 frische Eigelb werden mit 400 gr staubfeinem Zucker und der abgeriebenen Schale einer halben Zitrone $^1/_4$ Stunde ununterbrochen gerührt, dann 250 gr Mehl und der steife Schnee von 5 Eiern leicht damit vermengt. In-

zwischen wird eine Kuchenform, welche einen etwa 5 cm hohen Rand hat, mit Butter gut bestrichen, mit Mehl bestäubt, die gerührte Masse eingefüllt, bei mäßiger Hitze $^3/_4$ Stunden im Ofen gebacken, in der Form abgekühlt und auf eine Platte umgestürzt. Die übrigen Eiweiß können mit 100 gr ganz feinem Zucker und ein wenig Zitronensaft tüchtig gerührt, der Kuchen damit überzogen und in mäßiger Wärme auf dem Ofen getrocknet werden.

351. **Turnerkuchen.** In eine Schüssel, die im Winter schwach erwärmt werden muß, gibt man 100 gr frische Butter, rührt dieselbe mit dem Holzlöffel, bis sie gleichmäßig glatt und luftig ist; dann werden das Gelbe von 5—7 Eiern, 400 gr gestoßener Zucker, 1 Kaffeelöffeli Zimmet und 200 gr gestoßene Nußkerne oder Mandeln damit $^1/_4$ Stunde gerührt, 2 Spitzgläschen Rhum oder Kirschwasser, 400 gr gesiebtes Mehl und der steife Eierschnee dazu gemischt. Diese Masse wird in gut bestrichener, mit Mehl bestreuter Form bei starker Hitze im Ofen gebacken.

352. **Nußtorte.** Ein Kuchenblech wird mit ausgewalztem Blätterteig belegt; dann werden 5 Eigelb, 200 gr gestoßener Zucker, 150 gr geriebene Nußkerne, die abgeriebene Schale einer Zitrone, 1 Spitzgläschen Rhum oder Kirschwasser und der steife Eierschnee mit einander gemischt, auf den Teig gefüllt und bei guter Hitze im Ofen gebacken. Statt Blätterteig kann auch ein süßer Kuchenteig verwendet werden.

353. **Marktorte.** 125 gr reines Ochsenmark wird in kleine Bröckli geschnitten und zum Ausfließen an die Hitze gestellt. 8 Löffel voll Paniermehl werden mit warmer Milch übergossen und zugedeckt. Dann werden 6—8 Eigelb, ebenso viel Löffel voll Zucker, etwas Zitronenschale, 1 Kaffeelöffeli voll Zimmet, 2—3 Löffel voll gehackte Mandeln und 40 gr Rosinen $^1/_4$ Stunde zusammen gerührt und das angefeuchtete Brot, das ausgeflossene durchgesiebte Mark und der Eierschnee damit vermischt. Indessen belegt man eine Kuchenform mit ausgewalztem Butter- oder Mürbeteig, verteilt die gerührte Masse gleichmäßig darauf, ver-

ziert sie nach Belieben mit Teigblättchen, bestreicht diese mit Eigelb und backt das Ganze bei ziemlich starker Hitze im Ofen.

354. **Schwarzbrottorte.** 8 Löffel voll Paniermehl werden in eine Schüssel gegeben, mit 2 Spitzgläschen Rhum übergossen, durcheinander gemengt, zugedeckt und $^1/_2$ Stunde stehen gelassen. Dann wird 100—150 gr Butter in einer Schüssel zu einer feinen Masse gerührt, 6—8 Eigelb, so viele Löffel voll gestoßener Zucker werden beigegeben und nochmals $^1/_4$ Stunde stets nach einer Seite gerührt. Hernach werden eine Handvoll erlesene Rosinen oder Weinbeeren, ein Glas voll gehackte Nußkerne, das angefeuchtete Paniermehl und das zu Schnee geschlagene Weiße der Eier darunter gemengt und das Ganze in einer gut mit Butter bestrichenen und mit Paniermehl bestreuten Kuchenform im Ofen gebacken.

355. **Kuchen oder Törtlifülle von Paniermehl.** Man erwärmt in der Pfanne ein baumnußgroßes Stück Butter, röstet darin 7 Löffel Paniermehl gelblich, kocht daraus mit Wasser und Wein zu gleichen Teilen oder gutem Most einen dicklichen Brei, den man mit Zucker versüßt, mit Zimmet und geriebener Zitronen- oder Pomeranzenschale würzt und so verwendet. Will man die Fülle noch besser machen, können einige Eier und gehackte Mandeln oder Nußkerne damit vermengt werden.

356. **Selbst bereitetes Paniermehl.** Saubere Brotresten werden im Ofen gedörrt, dann mit einer Keule auf einem Brett gröblich gestoßen, hernach in der Kaffeemühle gemahlen und in Büchsen oder Schachteln aufbewahrt. Die Kaffeemühle wird vor dem Gebrauch gut ausgeblasen und abgerieben.

357. **Lebkuchen.** $^1/_2$ kgr Zucker wird in der trockenen Pfanne schwach gelb geröstet, mit einem Glas Wasser oder Milch aufgelöst, 1 kgr Bienenhonig hinein gegeben und aufgekocht. Dann werden 3 Kaffeelöffeli Zimmet, 2 Kaffeelöffeli Anis, 1 Kaffeelöffeli gestoßene Gewürznägeli, 1 Glas Kirschwasser, 2 Löffeli aufgelöste Pottasche, nach Belieben $^1/_4$ kgr gehackte Nußkerne und so viel gewöhnliches Backmehl hinein gerührt, bis der Teig in runde Stücke geformt werden kann.

Je weniger man im Teig knetet, je luftiger und besser wird er. Diese Kuchen werden in mäßiger Hitze (nach dem Brot) im Ofen gebacken und dann noch warm mit Honig oder Zuckerwasser bestrichen.

358. **Französischer Honigkuchen.** 150 gr Zucker werden schwach geröstet, ein Glas Milch und 350 gr Bienenhonig damit aufgekocht und angerichtet. Hernach werden ein Kaffeelöffeli voll Pottasche und $^1/_2$ kgr Mehl hinein gerührt, die Masse auf einem mit Butter oder Speck bestrichenen Backblech fingerdick auseinander getrieben und bei mäßiger Hitze im Ofen gebacken, dann noch warm in viereckige Stücke geschnitten und mit warmem Honig bestrichen.

359. **Ofenkrapfen.** Vorerst werden $^1/_2$ kgr Mehl, 1 Kaffeelöffeli voll Salz, 250 gr frische Butter und 1 Tasse ganz kaltes Wasser zu einem schönen, geschmeidigen Teig gemacht, mehrmals ausgewalzt und wieder viereckig zusammengelegt. Diese Arbeit muß an einem kühlen Ort geschehen, und es sollte der Teig zwischen jeder Tour etwa $^1/_4$ Stunde ruhen können. Das letzte Mal wird der Teig messerrückendick ausgewalzt, die Hälfte der Teigfläche mit einem süßen Obstmus (von Aepfeln, Zwetschgen oder Beerenobst) bestrichen, die leere Hälfte gleichmäßig darüber gedeckt, sanft angedrückt und mit einem scharfen Tellerrand in kleine schräge Vierecke geschnitten. Diese werden dicht neben einander auf ein Backblech gelegt, mit Eigelb bestrichen und bei starker Hitze im Ofen gebacken.

360. **Gesalzene Rahmpastetli.** Kleine Muschelförmli werden mit ausgewalztem Blätterteig belegt, mit einer Mischung von 1 Löffeli voll Mehl, 4—6 Eigelb, dem nötigen Salz, ein wenig Muskatnuß, $^1/_2$ Liter Rahm oder Milch und 3 Löffeln zerlassener frischer Butter und einem halben Eßlöffel voll gehacktem Schnittlauch zur Hälfte angefüllt und bei starker Hitze im Ofen gebacken. Sie werden warm serviert.

361. **Kästörtli.** 1 Löffel voll Mehl wird mit Milch glatt gerührt. Dann werden 4 Eigelb, 4 Löffel voll geriebener Käse, $^1/_2$ Liter Milch, ein wenig Muskatnuß und der steife Schnee

der 4 Eiweiß damit vermischt. Indessen werden kleine Muschelförmli mit Butter bestrichen und mit ausgewalztem Teig, am besten mit Butterteig, belegt; je 1 Löffel voll der Käsemasse wird hineingegeben und bei starker Hitze im Ofen gebacken; das Gericht wird warm serviert.

362. **Marschalltörtli.** Kleine Förmli werden mit ausgewalztem Butterteig belegt und in jedes 1 Löffel voll süßes Obstmus gebracht. Dann werden für 20 Törtli 2 Eigelb, 2 Löffel voll Butter, nach Belieben Zucker, ein wenig abgeriebene Zitronenschale und 1 Löffel fein gehackte Mandeln gut mit einander gerührt, ½ Liter Milch oder Rahm und der Eierschnee damit vermischt, über das Obstmus in die Törtli gegossen und bei guter Hitze gebacken.

363. **Rahmtorte, süße.** Ein Kuchenblech wird mit ausgewalztem Blätterteig belegt. Dann wird in einer Schüssel 1 Löffel voll Mehl mit wenig Milch glatt gerührt, 3—4 Eigelb, 3—4 Löffel gestoßener Zucker, die abgeriebene Schale einer halben Zitrone, eine Tasse Rahm und der steife Eierschnee werden damit vermischt. Diese Masse wird auf den Teig gegossen und bei guter Hitze im Ofen gebacken.

364. **Rahmstrudel.** ½ kgr Mehl, 50 gr zerlassene oder frische Butter, 2 Eier, 1 Kaffeelöffeli voll Salz und das nötige lauwarme Wasser oder Milch werden zusammen zu einem feinen Teig geknetet, bis er nicht mehr klebt, und ½ Stunde mit einer warmen Schüssel bedeckt liegen gelassen. Indessen wird 1 Löffel voll Mehl mit Milch glatt gerührt, 2—4 Eier, 1 Tasse Rahm, das nötige Salz oder Zucker werden damit gemischt. Der Teig wird sodann möglichst dünn, doch so, daß er keine Löcher bekommt, ausgewalzt, auf ein reines Tuch gelegt und mit der Rahmfülle bestrichen. Darauf wird das Tuch auf einer Seite in die Höhe gehoben, so daß der Teig aufgerollt wird. Diese Rolle wird hernach wie eine Schnecke in eine mit Butter bestrichene Kochplatte gelegt und mit zerlassener Butter überpinselt. Dann wird 2 cm hoch warme Milch dazu gegossen und das Ganze im heißen Ofen gebacken, bis der Strudel

unten eine gelbe Kruste bekommen hat. Nun wird es mit einem Schäufelchen heraus gehoben auf eine warme Platte gelegt und nach Belieben mit Zucker bestreut.

365. **Obststrudel** wird gleich bereitet, nur statt Rahm ein süßes Obstmus als Fülle verwendet.

366. **Fleischstrudel.** Der Teig wird gleich bereitet wie in voriger Nummer, dann ein gut bereitetes Haschée von frischem oder gekochtem Fleisch aufgefüllt und statt Milch Fleischbrühe oder Bratensaft dazu gegossen.

367. **Gefüllte Pfannkuchen.** Von ausgewalztem Strudelteig oder auch Nudelteig werden tellergroße runde Stücke heraus geschnitten und je eines davon mit süßem Obstmus (auch von Dörrobst) bestrichen. Je ein leeres Stück Teig wird darauf gelegt, und alle werden wie Omelette in Butter gebacken.

368. **Ziegerkugeli.** Von süßem Milchzieger oder auch Haschée von Dörrobst werden baumnußgroße Kugeli geformt, dieselben in Omelettenteig getauch und in heißer schwimmender Butter gebacken.

369. **Amerikanisches Weißbrot.** 30 gr gute Preßhefe wird in $1/2$ Liter lauwarmer Milch aufgelöst und 1 Eßlöffel gestoßener Zucker zugesetzt. In eine gewärmte Schüssel wird $1\,1/2$ Kilo gesiebtes Mehl gebracht, das nötige Salz, die Hefe und noch so viel laue Milch damit gemischt, bis ein weicher Brotteig entsteht. Derselbe wird dann $1\,1/2$ Stunde an einen warmen Ort gestellt, wo er stark aufgeht; nachher werden beliebig große Stücke daraus geformt und bei guter Hitze im Ofen gebacken. Dieser Teig ist für Kuchen und Birnenbrot sehr geeignet.

370. **Eierzöpfe.** 30 gr Hefe werden in einer Tasse lauer Milch aufgelöst; in einer Schüssel werden $1/2$ kgr Mehl erwärmt, dann 2 Löffel voll gestoßener Zucker, $1/2$ Kaffeelöffeli Salz, 5 gewärmte Eier, 200 gr zerlassene Butter mit der aufgelösten Hefe zu einem Teig verarbeitet und bis zum Aufgehen an die Wärme gestellt. Hernach werden Zöpfe daraus geflochten, mit Ei bestrichen und bei guter Hitze im Ofen gebacken.

371. **Hefeschneggli.** 1 kgr Mehl, für 5 Cts. Preßhefe,

$^1/_2$ l lauwarme Milch, 2 Kaffeelöffeli Salz, 3—5 gewärmte Eier und 150 gr zerlassene Butter werden nach voriger Nummer zu einem Hefeteig verarbeitet. Wenn derselbe gehörig aufgegangen ist, werden apfelgroße Stücke davon abgeschnitten, dieselben auf einem mit Mehl bestreuten Tisch länglich auseinander gezogen, mit einigen Weinbeeren belegt, schneckenartig aufgerollt, auf ein Backblech gestellt, mit gerührtem Ei bestrichen und bei guter Hitze im Ofen gebacken.

372. **Hefekuchen.** 1 kgr gut bereiteter Hefeteig wird in ein bestrichenes Backblech gelegt und mit den Händen so auseinander gezogen, daß der Rand etwas höher als die Mitte ist. Hernach werden einige Löffel voll zerlassene Butter darauf gegossen, alles mit Zucker bestreut und bei guter Hitze im Ofen gebacken.

373. **Dampfnudeln.** 1 kgr guter Hefeteig wird auf einem mit Mehl bestreuten Tisch fingerdick auseinander gezogen; mit einem Trinkglas werden runde Stücke ausgestochen, dieselben nebeneinander in eine mit Butter bestrichene Bratpfanne gelegt und eine halbe Tasse warme Milch dazu gegossen; doch darf sie nicht darüber hinfließen. So werden sie zugedeckt im Ofen gebacken, bis die Milch eingedampft ist und die Nudeln unten eine gelbe Kruste haben. Hernach werden sie mit einem Schäufelchen herausgestochen, mit der Kruste nach oben auf eine Platte geordnet und nach Belieben mit Zucker bestreut.

374. **Birnenbrot.** Dürre, weich gesottene Birnen- und Aepfelschnitze werden fein gehackt, mit Zimmet, gestoßenen Gewürznelken, grob gehackten Nußkernen und ein paar Löffeln voll Kirschwasser gemischt. Sollte das Haschée trocken sein, so muß es mit einem Zusatz von Most oder Wein oder Birnenhonig durchfeuchtet werden, damit es gut auseinander gestrichen werden kann. Hernach wird $^1/_2$—$^3/_4$ kgr gut bereiteter Brotteig oder auch Hefeteig zu einem runden, nicht zu dünnen Kuchen ausgewalzt, das Obsthaschée wird darauf gleichmäßig verteilt, so daß der Teig bis etwa 2 cm vom Rand ganz bedeckt ist. Das Ganze wird dann aufgerollt, daß es wie eine große

Wurst aussieht, hernach mit gerührtem Eigelb bestrichen und bei starker Hitze, wie Brot, im Ofen gebacken.

375. **Bündnerbrot.** 1 kgr dürre gute Birnen werden über Nacht eingeweicht, mit ¼ kgr ausgesteinten Zwetschgen, ¼ kgr Feigen, ⅛ kgr Zitronat und ¼ kgr Nußkernen klein geschnitten oder gröblich gehackt, mit 2 Löffeli voll Zimmet, 1 Löffeli Anis, ½ Löffeli gestoßenen Gewürznelken und einer Tasse voll Bienenhonig oder Birnensaft gemischt. Dann wird ½ kgr Weißbrotteig ausgewalzt, ⅓ obiger Fülle wie eine dicke Wurst darauf gehäuft, der Teig auf beiden Seiten darüber gelegt, nach Belieben verziert und bei starker Hitze im Ofen gebacken.

376. **Kapuzinerbrälli.** 250 gr ungeschälte, geriebene Mandeln, 15 gr Zimmet, 250 gr Zucker und das Weiße von 4 Eiern werden zusammen gut gerührt und Mehl hinein gearbeitet, bis der Teig ½ cm dick ausgewalzt werden kann. Dann werden mit einem Glas runde Stücke ausgestochen, auf ein mit Wachs bestrichenes Backblech gelegt, mit dem Gelben der Eier bestrichen und bei mäßiger Hitze im Ofen gebacken.

377. **Gewürzbrot.** ½ l Bienenhonig wird mit 1 Glas Wasser und 400 gr Zucker gekocht, dann werden 1 Löffel Zimmet, ½ Löffeli Gewürznelken, ½ Löffeli Ingwer, 1 geriebene Muskatnuß und die gehackte Schale einer Zitrone zugefügt, einmal aufgekocht und in eine große Schüssel angerichtet. Hernach werden ¼ kgr gehackte Nußkerne, ½ Glas Rhum oder Cognac und so viel Mehl hinein gerührt, bis der Teig fingerdick auseinander getrieben werden kann, und das Ganze auf bestrichenem Backblech bei mittelmäßiger Hitze gebacken. Noch warm wird dieses Brot in viereckige Stücke geschnitten, nach Belieben mit Bienenhonig oder Zuckerguß bestrichen und getrocknet.

378. **Gewürzplätzchen.** 6 Eier, ½ kgr gestoßener Zucker, ½ kgr Mehl, ½ Kaffeelöffeli Zimmet, 1 Löffel gehackter Zitronat, 1 Messerspitze gestoßene Gewürznelken werden nach und nach zu einem feinen Teig gemacht, dann nußgroße Bällchen daraus geformt, auf ein bestrichenes Backblech gesetzt und bei

mittlerer Hitze im Ofen gebacken. Sie lassen sich lange aufbewahren.

379. **Pfeffernüsse.** $^1/_4$ kgr gestoßener Zucker und 5 Eier werden zusammen $^1/_4$ Stunde gerührt, dann 1 Löffel voll Zimmet, $^1/_2$ Löffeli voll gestoßene Gewürznelken, 1 Eßlöffel voll fein gehackter Zitronat, 1 Messerspitze weißer Pfeffer, 1 Löffeli voll mit wenig Wasser aufgelöste Pottasche und so viel Mehl damit gemischt, bis ein dicker feuchter Teig entsteht. Von diesem werden kleine Bällchen auf ein bestrichenes Backblech gesetzt und bei mäßiger Hitze im Ofen gebacken. Der Teig kann mehrere Tage vorher gemacht werden.

380. **Baslerleckerli.** $^3/_4$ kgr Bienenhonig wird erwärmt, 2 kgr gewöhnliches Backmehl, $^1/_2$ kgr gröblich gehackte Mandeln, $^1/_2$ kgr gestoßener Zucker, 150 gr gehackte Zitronen- und Orangen-Schalen, 3 Kaffeelöffeli voll gestoßener Zimmet, 1 Kaffeelöffeli voll gestoßene Gewürznägeli und 1 geriebene Muskatnus werden in einer erwärmten Schüssel gemischt, mit dem Honig und 1 Glas Kirschwasser zu einem Teig gerührt und zugedeckt über Nacht an der Wärme stehen gelassen. Am folgenden Tag wird der Teig halbfingerdick auseinander getrieben, in viereckige Stücke geschnitten und bei mäßiger Hitze gebacken. Als Glasur darüber wird $^1/_4$ kgr staubfeiner Zucker mit einem Glas Wasser kurze Zeit gekocht, vermittelst eines Pinsels über die Leckerli gestrichen und diese auf dem warmen Ofen getrocknet.

381. **Anisschnitten.** $^1/_4$ kgr Zucker wird gestoßen, gesiebt und mit 3—4 Eigelb $^1/_2$ Stunde stets nach einer Seite gerührt; dann werden die fein gewiegte Schale einer halben Zitrone oder einige Tropfen Zitronenessenz, 1 Löffel gereinigter Anis, $^1/_2$ Kaffeelöffeli Salz, 300 gr Mehl und das zu Schnee geschlagene Weiße der Eier damit vermengt. Hernach wird ein tiefes Backblech oder irgend ein feuerfestes irdenes Geschirr mit Butter bestrichen, mit Mehl bestäubt, die gerührte Masse hineingegeben und bei guter Hitze $^3/_4$ Stunden im Ofen gebacken. Nach dem Erkalten schneidet man daraus halbfingerdicke Scheiben

und trocknet sie auf einem Backblech im Ofen, bis sie gelb sind. Erkaltet können diese in Schachteln aufbewahrt werden.

382. **Waffeln.** 100 gr Butter wird schaumig gerührt, ½ kgr Mehl, 1 Kaffeelöffeli Salz, nach Belieben 2—3 Löffel voll Zucker darunter gemischt und mit Milch glatt gerührt, dann 4—7 Eigelb, der Eierschnee und so viel Milch hinein gerührt, bis der Teig eine dickflüssige Konsistenz hat. Indessen wird das Waffeleisen heiß gemacht, vermittelst eines Pinsels mit flüssiger Butter bestrichen, 1 Schöpflöffel voll Teig hinein gegeben, der Deckel zugeklappt, die Masse auf beiden Seiten gelb gebacken und nach Belieben mit Zucker bestreut serviert.

383. **Süße Brätzeli.** Von 100 gr frischer Butter, 3 bis 5 Eiern, 400 gr Zucker und dem nötigen Mehl wird ein dicker, noch feuchter Teig bereitet, in baumnußgroße Kugeli geformt und dieselben etwas platt gedrückt. Inzwischen wird das Bretzeleisen heiß gemacht, mit zerlassener Butter bestrichen, die Teigbällchen werden hinein gelegt, das Eisen zugeklappt und auf glühenden Kohlen schön gelb gebacken.

384. **Gesalzene Brätzeli.** ¼ kgr feines Mehl, ein halbes Kaffeelöffeli voll Salz, 120 gr Butter, ein ganzes Ei und 2 Eigelb werden zusammen zu einem geschmeidigen Teig gearbeitet und 1 Stunde an die Kühle gestellt; hernach in baumnußgroße Stückli geschnitten, werden dieselben mit den Händen zu langen Würstchen gedreht, welche dann in beliebige Ringe geformt, auf ein bestrichenes Backblech gelegt und mit Ei bestrichen werden. Diese werden dann in mäßig warmem Ofen ½ Stunde gebacken.

385. **Reispudding.** 200 gr Reis wird abgeschwenkt, mit 1 l Milch, einer Messerspitze voll Salz, einem Stück Butter zu einem dicken Brei gekocht, angerichtet und abgekühlt. Dann werden 300 gr gestoßener Zucker mit 5—6 Eigelb 10 Minuten gerührt, mit Zitronenschale oder Zimmet gewürzt, 100 gr gereinigte Weinbeeren, der Reisbrei und der steife Eierschnee werden damit gemischt, in eine gut mit Butter bestrichene, mit

Gries bestreute Form gefüllt und zugedeckt 1 Stunde im Wasserbad gesotten.

386. **Griespudding** wird gleich behandelt ebenso

387. **Mehlpudding** aus Mehlbrei.

388. **Schwarzbrotpudding.** In einer Pfanne werden 80 bis 100 gr frische Butter zerlassen, darin 8—10 Löffel Paniermehl 5 Minuten geröstet, mit halb Wasser, halb Weißwein oder Most zu einem Brei gekocht, angerichtet und verkühlt. Hernach werden 6—8 Eigelb mit 250 gr gestoßenem Zucker, ein wenig abgeriebener Zitronenschale, einer Messerspitze Nelkenpulver ¼ Stunde gerührt, dann 100 gr Rosinen, 50 gr geriebene Mandeln oder Nußkerne, der gekochte Brei und der steife Eierschnee damit vermischt, in bestrichener und mit Paniermehl bestreuter Form zugedeckt 1½ Stunde im Wasserbad gesotten und mit einer Obst- oder Weinsauce zu Tisch gegeben.

389. **Chokoladenpudding.** 125 gr süße Chokolade wird auf einem Teller im Ofen erwärmt, damit sie ganz weich wird. Hernach werden in einer Schüssel 80—100 gr Butter leicht gerührt, 6 Eigelb, 6 Löffel voll Zucker und die Chokolade damit ¼ Stunde gerührt, dann 200 gr Mehl und der Eierschnee dazu gegeben und in gut bestrichener, mit Mehl bestreuter Form ¾ Stunden im Wasserbad gesotten. Das Ganze wird umgestürzt und mit Schlagrahm oder Eiercrême zu Tisch gegeben.

390. **Brotschnittenpudding.** Eine Puddingform wird dick mit Butter bestrichen; hernach werden schnell in Milch getauchte dünne Brotscheiben lagenweise hinein geordnet, dazwischen Zucker, Zimmet, gereinigte Rosinen oder Weinbeeren und geriebene Mandeln gestreut; die Form darf aber nicht ganz voll sein. Dann wird eine Mischung von 3—5 Eiern und einer Tasse Milch darüber gegossen, die Form gut bedeckt und 1 Stunde im Wasserbad gesotten.

Können statt Brotscheiben Schnitten von Biscuits verwendet werden, wird der Pudding natürlich feiner.

Verschiedenes.

391. **Bereitung von Hanskäse.** 10 Liter Milch werden auf 28° R. erwärmt. Dann wird ein kleines Labtäfelchen (in der Apotheke erhältlich), von der Größe eines Centimestücks, in 2 Teile gebrochen, ein Teil davon in ¼ Glas Wasser aufgelöst, mit der warmen Milch gemischt, tüchtig darin gerührt und dann ganz ruhig stehen gelassen. Nach höchstens 1 Stunde wird die Milch ganz dick sein und kann dann senkrecht mit einem hölzernen Messer in viereckige Stücke geschnitten werden. So wird die Milch wieder kurze Zeit stehen gelassen, bis sich die grünliche Schotte zusammen gezogen hat. Die Milchbrocken werden hernach mit einer Schaumkelle heraus gehoben, in ein passendes Sieb gebracht und mit einem Brettchen bedeckt. Wenn diese Käsemasse zusammenhängend fest geworden ist, wird sie in einen Blech- oder Holzreifen eingespannt und zwischen zwei dienlichen Brettchen gepreßt. Am dritten Tag wird ein wenig Salz daran gestreut und wieder bedeckt, am vierten Tage umgewendet, am fünften und sechsten Tag wiederholt. Während dieser Zeit wird der Käse etwas fester geworden sein, so daß er aus dem Rahmen heraus genommen und nur auf einem Brettchen, an nicht zu kaltem Ort nachtrocknen kann. Nach 3–4 Wochen ist dieser Käse genießbar. Soll derselbe jedoch länger aufbewahrt werden, so muß die dick gewordene, geschnittene Milch nochmals zum Feuer gebracht und so lange darin gerührt werden, bis alles kleine, etwas zähe gewordene Bröckli sind. Die übrige Behandlung ist dann gleich wie oben, nur darf man etwas länger salzen und soll derselbe nicht zu trocken werden. Die Uebung zeigt am besten, wie und wo mehr oder weniger zu berechnen ist.

392. **Das Rösten und Bereiten des Kaffees.** Vor allem ist eine gute, reinschmeckende Sorte nötig. Das Rösten geschehe gleichmäßig bei nicht zu starkem Feuer, am besten in geschlossener

Pfanne oder in einer Röſttrommel. Der Kaffee darf nicht dunkelbraun, ſondern nur mittelbraun werden, weil in dunkel geröſtetem Kaffee der aromatiſche Inhalt der Bohnen, das Kaffeïn, ſchon entwichen und nur der Gerbſtoff als bitterer Geſchmack zurück geblieben iſt. Die geröſteten Bohnen müſſen in gut verſchloſſener Büchſe aufbewahrt werden.

Den beſten Kaffee giebt der Aufguß. Das gemahlene Pulver wird dazu auf ein Sieb in die Kaffeekanne gebracht, ein anderes Sieb darüber geſtellt und mit kochendem Waſſer, worin etwas Extrakt aufgelöſt iſt, übergoſſen und ſchnell gedeckt. Man kann das friſche, angebrühte Pulver im untern Sieb das nächſte Mal im Waſſer aufkochen, um dasſelbe noch beſſer ausnützen zu können. Noch beſſer eignen ſich diejenigen Apparate zur Kaffeebereitung, in denen das kochende Waſſer durch ein Rohr ſich über das Pulver ergießt und ſomit Dampf und Aroma zuſammen bleiben. Man berechnet für 6 Perſonen 2 mäßige Löffel voll gemahlenes Pulver; doch iſt der Geſchmack ſo verſchieden, daß es ſchwer iſt, ein zutreffendes Maß anzugeben.

393. **Cacao mit Milch.** Für 3 Perſonen wird 1 Kaffeelöffeli voll Cacaopulver mit $^{3}/_{10}$ Liter Waſſer in der Pfanne glatt gerührt, dann $^{4}/_{10}$ Liter Milch und der nötige Zucker zugefügt und einige Mal aufgekocht. Man kann auch nur Waſſer oder auch nur Milch verwenden.

394. **Bereitung von Thee.** Für 2 Perſonen werden $^{1}/_{2}$ Kaffeelöffeli voll Schwarzthee- oder auch Grüntheeblätter in eine gewärmte Kanne gebracht, zuerſt ganz wenig kochendes Waſſer darüber gegoſſen und ſchnell bedeckt und ſogleich mit Zucker, Milch oder Wein zu Tiſch gebracht. Statt Schwarz- oder Grünthee können auch getrocknete Blätter von Erdbeeren, Brombeeren oder Waldmeiſter verwendet werden.

Thee als Heiltrank, von Hollunder, Lindenblüten, Schlehenblüten ꝛc., wird gleich bereitet. Thee von Wurzeln muß jedoch nicht angebrüht, ſondern gekocht werden.

395. **Zitronenlimonade.** Eine Taſſe wird mit Zucker und einigen Tropfen Zitronenſaft gemiſcht und ſogleich getrunken.

396. **Moussierende Zitronenlimonade.** 7 Liter Wasser, 1 kgr Zucker und 2 in Scheiben geschnittene Zitronen werden zusammen siedend heiß gemacht, filtriert, mit 1 Glas gutem Weinessig gemischt, lauwarm auf Flaschen gefüllt und dieselben gut verkorkt und zugebunden im Keller stehend aufbewahrt. Nach etwa 10 Tagen ist die Limonade verwendbar und moussiert stark. Statt Zitronen können Hollunder- oder Rosenblüten verwendet werden.

397. **Glühwein.** 1 Liter guter Rotwein, 1/4 Liter Wasser, 1 Stengelchen Zimmet, 3 Gewürznelken, 1 Stückli Zitronenschale und der nötige Zucker werden zusammen heiß gemacht, in Gläser gefüllt und sogleich serviert.

398. **Maitrank.** Eine Hand voll frisch gepflückter blühender Waldmeister wird in eine Schüssel gebracht, 1 Liter guter alter Wein dazu gegeben, der nötige Zucker beigefügt und zugedeckt 1/2 Stunde stehen gelassen, dann filtriert und in Gläsern serviert. Man kann auch mit Erdbeerblättern und verschnittenen Zitronen würzen.

399. **Gewürzliqueur.** Für 2 l Liqueur werden 200 gr Zucker in der Pfanne gleichmäßig gelb und flüssig geröstet, mit 1 l Wasser aufgelöst, 1 Stängli Zimmet, 10 Gewürznelken, 1 Kaffeelöffeli voll Anis oder Fenchel in einem Beutelchen hinein gegeben und recht durchgekocht, dann angerichtet und abgekühlt. Hernach wird 1 l Obstbranntwein damit vermischt. Statt diesen Gewürzen können andere, z. B. Enzian oder Tormentilwurzeln, Wermutblätter &c., verwendet werden.

400. **Bereitung eines guten Essigs.** Ein kleines, geeignetes Fäßchen oder eine Strohflasche wird recht gut gereinigt, mit gutem Essig ausgespült und getrocknet. Am zweiten und dritten Tag muß das Gefäß wieder mit Essig ausgeschwenkt und getrocknet werden, bis dasselbe recht eingesäuert ist. Hernach werden Wein- oder Mostresten aus Fässern eingefüllt, ein kleines Stück neugebackenes Brot mit einigen Pfefferkörnern besteckt hinein gegeben, nicht ganz fest zugeschlossen und das Geschirr an einen mäßig warmen Ort hingestellt. Nach etwa

vier Wochen wird sich oben eine Haut, die sogen. Essigmutter, gebildet haben, welche die Grundlage eines guten Essigs ist und stets geschont werden muß. Der Essig wird zum Gebrauch recht sein und soll möglichst wenig geschüttelt werden, damit er klar bleibt.

Etwa zwei mal im Jahr muß der Essig gereinigt werden. Zu diesem Behuf wird das Gefäß geleert, die Essigmutter möglichst vom Schleim befreit, wieder mit andern Weinresten ins Geschirr gebracht und wie oben behandelt.

401. **Kräuteressig.** Eine Schüssel sauber gewaschene Blätter von Petersilie, Estragon, Majoran, Thymian und Körbelkraut werden fein geschnitten, eine geriebene Meerrettigwurzel beigegeben, dies in eine Strohflasche gebracht, mit 5—6 l gutem Essig übergossen und 3—4 Wochen in mäßiger Wärme aufbewahrt, hernach filtriert und in Flaschen abgezogen. Für feinere Salate und Saucen sehr zu empfehlen.

402. **Das Läutern und das Kochen des Zuckers.** Der Zucker bedarf je nach Verwendung besonderer Behandlung.

Zum Konservieren von Früchten wird der Zucker zum Breitlauf gekocht, d. h. auf 1 kgr Hutzucker wird $^1/_2$ l Wasser in einer Messing oder Kupferpfanne über den Zucker gegossen, ein Eiweiß zugefügt und aufs Feuer gestellt. Sobald der Zucker aufsteigen will, wird etwas kaltes Wasser zugegossen, wodurch er gleich zurück geht, aber bald wieder aufsteigt. Der graue Schaum wird sorgfältig abgenommen und allfällig Schwärzliches, Unreines an der innern Pfannenwand mit einem Schwämmchen fortgewischt und der Zucker so weiter gekocht, bis er breit vom Löffel fließt. Die Früchte werden damit übergossen oder darin nach Vorschrift gekocht.

Zum Ueberstreichen von Leckerli muß der Zucker gekocht werden, bis derselbe als dichter Schleim am naß gemachten Finger hängen bleibt.

Zum Ueberziehen von Früchten muß der Zucker noch weiter gekocht werden, bis er sich von naß gemachten Fingern zusammenballen läßt. Die Früchte (Kirschen, Aprikosen,

Pomeranzenschnitze ꝛc.) werden dann an ein Hölzchen gesteckt, in den Zucker getaucht, mit feinem Zucker bestreut und zum Verzieren von Torten verwendet.

Zum Bereiten von Rahmzeltli wird der Zucker noch mehr gekocht, bis er bräunlich wird. Zu diesem gibt man ein gleiches Quantum süßen Rahm, rührt ihn gut durcheinander, gießt die Masse auf ein mit Oel bestrichenes Blech und macht mit einem langen Messer, welches ebenfalls mit Oel bestrichen ist, kreuzweise Einschnitte hinein. Nach dem Erkalten werden die so entstandenen viereckigen Täfelchen von einander gebrochen.

Zur Bereitung von Nucat läßt man den Zucker noch brauner werden, gibt dann geschälte, halbierte und im Ofen getrocknete Mandeln, halb so schwer wie Zucker dazu, nimmt die Pfanne vom Feuer, rührt gut durcheinander, schüttet die Masse in ein Backblech und formt sie nach Belieben.

Zur Bereitung von Zuckerfarbe wird noch ohne Mandeln weiter gekocht, bis der Zucker schwarz ist und ein weißer Rauch aufsteigt; dann wird schnell 1 l Wasser dazu geschüttet und der Zucker ganz aufgelöst. Diese Lösung wird nach dem Auskühlen in Flaschen gefüllt, gut verkorkt und zum Färben von Saucen, Suppen, Gallerte ꝛc. verwendet.

403. **Das Kochfett.** Das beliebteste Fett ist die Butter, aber auch das teuerste. Es gibt mancherlei Butter, deren verschiedene Merkmale eine Köchin kennen muß. Die sogen. Zentrifugenbutter, aus frisch gemolkener Milch bereitet, ist die haltbarste, wenn sie gut ausgeknetet wird, so daß keine Milch mehr darin ist. Die Butter soll wie Mandeln oder Nüsse schmecken und und sich zwischen den Fingern glatt und fettig, nicht körnig anfühlen lassen. Im Sommer soll die Butter gleichmäßig schön gelb, im Winter weißlich sein. Gefärbte Butter hält sich schlecht und ist unrein, auch wenn nur Safran oder Orlean dazu verwendet worden ist. Ist die Butter ranzig, was von der darin gebliebenen Buttermilch herrührt, so muß sie in frischem Wasser, dem etwa eine Messerspitze voll Natron zugesetzt ist, gut durchgeknetet werden. Das Kneten geschieht am besten in einer weiten

Schüssel oder auf einem Brett, im Sommer mit einem Holzlöffel, im Winter mit bloßer Hand, und soll so lange ausgeführt werden, bis alle Wasserteile verschwunden sind.

Das Einsieden der Butter geschehe nicht erst, wenn sie ranzig geworden ist und dann doppelte Arbeit erfordert. Man kocht sie so lange auf mäßig starkem Feuer, bis sie hell ist und im Löffel weiter kocht. Manche geben zuerst ein wenig Wasser in den Topf, welches das Sieden nur verzögert, da es ja wieder eingekocht werden muß. Zum Aufbewahren wird die Butter durch ein Sieb in reine, gut ausgebrühte Steintöpfe gegossen; jedoch sollen dieselben vorsichtig in eine Schüssel oder Wanne gestellt werden, da sie gerne zerspringen. Während dem Erkalten soll die Butter gerührt werden, damit sie gleichmäßig wird; nachher binde man das Gefäß mit Papier gut zu.

Schweineschmalz ist auch ein sehr gutes Fett und kann zu den verschiedensten Speisen verwendet werden. Dasselbe soll schön weiß und frisch in Stückli geschnitten in der Pfanne gut ausgekocht und ebenfalls durch ein Sieb angerichtet und wie die Butter versorgt werden.

Das Rindsfett ist für sich allein der Gesundheit nicht sehr zuträglich, da es schwer verdaulich ist, indem es die genossenen Speisen gleichsam umhüllt. Besser ist es, aus verschiedenem Fett eine Mischung zu machen. So wird z. B. 1 kgr Rindsnierenfett in Stückli geschnitten, mit $\frac{1}{2}$ l Milch zum Feuer gebracht und gekocht, bis das Fett klar vom Löffel läuft; nachher wird es mit gleich viel ausgelassenem Schweinefett und ebenso viel gesottener Butter gemischt und bis zum Erkalten gerührt. Die Milch gibt dem Rindsfett einen feinern Geschmack, das Schweineschmalz macht die ganze Mischung ergiebig, und so erhält man ein gutes, verhältnismäßig billiges Kochfett, das auch der Gesundheit durchaus nicht nachteilig ist und zu allen Speisen, selbst zum Backen, verwendet werden kann. Es herrscht gegen den Genuß gewisser Fette ein großes Vorurteil; viele sagen, sie können durchaus kein anderes Kochfett ertragen als

Butter, essen aber unbedenklich Rindsfett und Schweinefett mit Fleisch, als ob das nicht aufs Gleiche herauskäme.

Das Abschöpffett von Suppen, Saucen 2c. soll immer noch kurze Zeit eingekocht werden, sonst wird es wegen den mitabgeschöpften Brühen schlecht und übelriechend. Das Kochen desselben geschehe so lange, bis es nicht mehr spritzt, dann wird es durch ein feines Sieb oder Tuch in ein besonderes Geschirr gegossen und zum Kochen von Gemüse, Fleisch 2c. verwendet.

Feines, reinschmeckendes Olivenöl ist ebenfalls zum Kochen vieler Speisen sehr passend, aber bei uns fast noch teurer als Butter, und zudem muß man sich zuerst an diesen Geschmack, der nicht jedermann zusagt, gewöhnen.

404. **Hausbrot.** Das Mehl, welches zum Backen bestimmt ist, darf wegen seiner spätern Verwendung nicht feucht, sondern muß gut trocken sein und sich in der festgeschlossenen Hand nicht ballen. Das nahrhafteste Brot wird aus solchem Mehl bereitet, welches noch Kleie in Mehlform, somit den bekannten Kraftstoff, Kleber, enthält, welcher dem Mehl die bindende Eigenschaft giebt. In nassen Jahrgängen ist dieser Stoff im Mehl weniger gut vertreten; vorsichtige Landleute behalten daher oft Getreide von guten Jahrgängen und mischen es mit minderwertigem.

Zum Backen wird das mäßig erwärmte Mehl in eine hölzerne Mulde (Backtrog) gebracht. Auf 30 kgr Mehl werden 1 kgr Sauerteig mit Mehl und lauwarmem Wasser zu einem Brei gemischt und als Vorteig zugedeckt in der Wärme (18° R.) stehen gelassen. Der Sauerteig muß branntweinartig, säuerlich riechen und auf dem Wasser schwimmen. Die Temperatur in der Backstube darf nicht viel sinken, sonst könnte der einmal aufgegangene Teig wieder zusammenfallen. Nach wenigstens 2 Stunden wird der Vorteig (Hebel) aufgegangen sein, dann werden $^1/_2$ kgr Salz und das nötige lauwarme Wasser nach und nach damit vermischt und durchgeknetet, bis sich der Teig von der Mulde ablöst. Derselbe muß zähe sein und darf nicht leicht brechen. Der so bearbeitete Teig muß nun einer abermaligen Gärung von 2—2½ Stunden überlassen werden. Währenddem wird der gemauerte Ofen mit Holz gleichmäßig geheizt, bis die Wölbung desselben weiß erscheint, und hernach schnell recht gut gereinigt. Der Teig wird in beliebig große Stücke geschnitten, geformt und diese neben einander in den Ofen geschoben. An manchem Ort hat man besondere Formen, wie eiserne Pfannen ohne Stiel, in denen die Brote gebacken werden. Nach dem Einschieben wird der Ofen gut geschlossen und neben der Ofenthüre ein kleines Feuerchen unterhalten, damit beim Oeffnen der Thüre nicht kalte Luft einströmt. Große Brote bedürfen 1—2 Stunden, kleine ½ Stunde zum Backen. Gut ausgebackenes Brot muß eine gleich dicke Ober- und Unterkruste haben, und diese darf nicht losgerissen sein. Auch muß das Brot beim Anklopfen klingen. Soll das Brot glänzen, so wird es noch warm mit einer nassen Bürste bestrichen und dann abgekühlt und an luftigem trockenem Ort aufbewahrt.

Die Behandlung des Brat- und Backofens erfordert Vorsicht und Uebung. Oefen, welche vom Herdfeuer aus erwärmt werden, sind gewöhnlich nur auf einer Seite warm und dann oft zu heiß. Da muß die Zwischenwandung dicker gemacht oder durch Regulierung mittelst eines Schiebers die Hitze auch auf die andere Seite geleitet werden. Kann unter dem Ofen gefeuert werden, so ist dafür zu sorgen, daß die Flamme sich unter der ganzen Ofenplatte hinzieht, damit dieselbe gleichmäßig heiß wird. Um die Hitze zum Backen von Brot oder Butterteig zu erproben, werfe man ein wenig Mehl hinein; wird dasselbe bald braun, so ist die Hitze recht, wird es gleich schwarz, so ist der Ofen zu heiß und muß ein wenig abgekühlt werden. Zu gerührten Teigen muß der Ofen weniger heiß und zu kleinem Backwerk nur gut warm sein. Der beste Wärmemesser wäre ohne Zweifel das Thermometer, doch habe ich zu diesem Zweck noch kein passendes erfragen können.

* * *

Mittlere Verdauungszeit der Nahrungsmittel.

(Nach Dr. Klenke.)

1—2 Stunden bedürfen: Gerstensuppe; Hafergrütze; Sagosuppe; Reissuppe; Erbsenbrei, durchgetrieben; gerührte rohe Eier; kalt bereitete Fleischbrühe.

2—3 Stunden: Milch, gesotten und schluckweise getrunken; Eierauflauf (Plattenmüsli); gebratenes junges Geflügel; Hirn, gekocht; Kalbsfüße, sehr weich gesotten; Stockfisch, gekocht.

3—4 Stunden: Eier, weich gesotten; gut gebackenes frisches Brot; mageres Rindfleisch, richtig gesotten und gebraten; Beefsteak; Schinken, roh; Bratwurst; gerührte Kuchen; frische Butter; Schweinefleisch, gebraten.

4—5 Stunden: Rindfleischsuppe; Rindfleisch, fettes; Kalbsbraten; Schafbraten; Schweinefleisch, gesotten; Hammelfett.

5—6 Stunden: altes, zähes Fleisch; sehr fette Fische; Ochsen- und Schweinefett; hart gekochte Eier.